ぼくは挑《ちょう》戦《せん》人《じん》

juggling on the planet

CHANG-HAENG.

著 ちゃんへん.

構成 木村元彦

集英社

ブックデザイン　寄藤文平＋古屋郁美（文平銀座）

はじめに

初めましての方も、僕のことを知っているという方も、まずは簡単な自己紹介をさせて下さい。

僕は平仮名で「ちゃんへん.」という名前で活動しているジャグリングを用いた芸をするプロのパフォーマーです。

これまで世界82の国と地域でパフォーマンスをしてきました。

有名な方では、お笑いタレントであり映画監督でもあるビートたけし（北野武）さんや、ノーベル平和賞を受賞したデズモンド・ムピロ・ツツさんの前でも披露しました。

ジャグリングとは、複数の物を投げたり操ったりする曲芸のことです。ジャグリングにも色んな種類がありますが、おそらく1番イメージしやすいのはお手玉です。

本書は、ジャグリングだけではなく、僕自身の半生の物語です。

ジャグリングと出会う前はどんな幼少時代だったのか、なぜ日本で生まれ育って日本国籍ではないのか、なぜ名前が2つあるのか、といったルーツやアイデンティティの部分についても語りたいと思います。それではページをめくって下さい。

目次

1・いじめと差別

最初の記憶

昨日とも今日とも言えない深夜。用を足して寝室に戻ろうとすると、居間の引き戸の隙間から明かりがもれていることに気づいた。

その隙間から居間を覗《のぞ》いてみると、おばあちゃんがちゃぶ台の前で涙を浮かべながら思索にふけっている様子が見えた。

おばあちゃんの目線の先には、普段は首にかけている鍵があった。

ため息とほぼ同時に流れた涙を指で拭うその様子を見て、心配になって思わず声をかけた。

「ハンメ、なんで泣いてんの?」

ハッとしたおばあちゃんは、急いでその鍵を首にかけた。

「なんや起きてたんか。なんか食べるか?」

お腹は空いてなかったが、何となく首を小さく縦に振った。

「そこに座りなさい」と、普段は誰も座ろうとはしない、1年前に亡くなったおばあちゃんの一人息子の特等席を指差し、ちゃぶ台に両肘をつきながら、林檎《りんご》の皮を剥き始めた。

僕は、おばあちゃんの林檎の皮剝きを見るのが大好きだ。林檎の皮を最後まで切らずに剝く姿は、幼い僕にとっては名人芸だ。

剝きながら呟《つぶや》く。

「あんたは絶対に幸せにならなあかんで」

特に深い意味はなかったが、聞いてみた。

「ハンメは幸せちゃうの？」

その瞬間。弘法《こうぼう》にも筆の誤りか、林檎の皮が途中で切れた。

おばあちゃんは表情を全く変えないまま少し間を置き、何事もなかったかのように無言で林檎の皮剝きを続けた。

切り分けた林檎を目の前に差し出して言う。

「モッコナミョン　ジャゴラ」

僕にはよく分からない言葉でそう言って、おばあちゃんは寝室へ行った。

これが、僕が鮮明に覚えている最初の記憶である。

そして、この物語の大事な節目にも林檎が度々登場する。

ウトロ地区

1985年10月10日、京都府宇治市《きょうとふうじし》に所在を置く在日韓国《かんこく》・朝鮮人《ちょうせんじん》（以下・在日コリアン）が多く住む町、通称「ウトロ」で僕は生まれた。

元々、宇土口（うとぐち）と呼ばれていたこの町は、戦後、ここに住み着いた朝鮮人の間で、いつしか「ウトロ」と呼ばれるようになった。

おそらく、朝鮮人が漢字の口（くち）を、カタカナのロと勘違いしたのだろう。

第二次世界大戦真っ只《ただ》中の1940年に、京都飛行場と飛行機工場の建設工事が決定する。工事には約2000人が従事し、そのうち約1300人が「人夫募集」によって集められた朝鮮人だったという。

朝鮮人は自ら仕事を求めて来たが、元々、日本の統治によって土地を取り上げられ、故郷での生活が困難となり、日本への移住を余儀なくされた者が多い。

日本に来ても低賃金の肉体労働にしか就けず、そんな中で京都飛行場の人夫募集を知る。徴兵免除、さらに飯場（宿泊所）で家族と住めるので、朝鮮人にとってこの仕事は魅力的だった。

1943年に建造された飯場には、工事従事者とその家族が生活し始めた。この飯場こそが「ウトロ地区」の前身である。

1945年8月15日。日本の敗戦により建設工事は中止。アメリカ占領軍によって工場は接収されるも、飯場は残された。

放置された飯場の従事者は、仕事を失い、配給も打ち切られた。仕事を求めて他所へ行く者がいる中、一部の朝鮮人とその家族は、その後も飯場に住み続けることとなった。

さて、そのウトロで僕は生まれ、父母と父方の祖父母の5人で暮らしていた。

ここで、この物語に登場する祖父母と母の人物像を紹介しておく。

ハラボジ（祖父）は、朝鮮半島の釜山《プサン》出身だ。1929年に生まれ、14歳の時に日本に渡って来た。口数が少なく、会話もほとんどしない。仕事は建築業。早朝仕事に行き、夜仕事から帰ってくるなりテレビの前に座る。祖母が夜ご飯をちゃぶ台に並べ、食後はテレビを観ながら1人でお酒を1升近く飲む。

ハルモニ（祖母）は、朝鮮半島の南西に浮かぶ火山島、済州島《チェジュとう》出身だ。12歳の時に日本に渡って来た。性格は祖父と対照的で、誰も聞いていなくてもずっと1人で喋《しゃべ》っている。早朝、祖父のために早起きをして朝ご飯を作る。祖父が仕事に行く姿を見送ってからまた

母とウトロで撮った写真（0歳）

朝ご飯を作る。包丁のトントンという音が僕の目覚まし時計だ。とにかく食に対する執着が凄く、口癖は「今食べな、もうないかもしれへんで」だ。そのため、うちは経済的に貧乏だったが、ご飯だけはめちゃくちゃ豪華だった。

オモニ（母）は、在日コリアンが多く暮らす京都の東九条《ひがしくじょう》出身だ。美空《みそら》ひばりを尊敬し、山口百恵《やまぐちももえ》の大ファン。幼稚班から朝鮮学校に通うものの、初級学校5年生あたりからグレて学校に行かなくなり、中学から日本の学校に通うも、そのまま不良の道を真っ直ぐに突き進んだ。入学直後から煙草とバイクを嗜《たしな》む（?）も、中学卒業を前に母親が危篤状態となり、全ての悪行をやめて働くことになった。180度の転換だが、これが父との出会いに繋《つな》がる。働いていた焼肉屋の常連客だった男性（父）と結ばれるのだ。息子（僕）を授かるも、3年後に夫は他界。それをきっかけに、僕を連れてウトロを出ることになるのだが、当時、母は京都・祇園《ぎおん》のクラブで働いていたため、早寝する3歳の息子の世話をすることができず、小学生になるまで僕はほとんど祖父母に預けられることになる。母はバブル時代にはクラブでナンバー1になり、僕の小学校入学と同時に26歳という若さで祇園に自分のクラブを開いた。店は繁盛していたのだが、僕の中学校卒業と同時にそれを閉めた。性格はファンキー&ワイルドだが、正義感が強く、根は真面目である。

とまあこんな感じである。

家族紹介が終わったら、ぽつぽつと僕の子ども時代から振り返っていこうと思う。

「岡本昌幸」になった

入学式の朝。

この日のために、おじいちゃんとおばあちゃんに買ってもらったジャケットとハーフパンツのお洒落《しゃれ》なキッズスーツをおかんに着せてもらった。

スーツ姿を見たおばあちゃんが嬉《うれ》しそうに僕に言う。

「いや~男前やわ。こんな男前、今まで見たことないわ」

照れくさかったが、鏡に映る自分の姿を見て僕も笑顔になった。

家を出る前におかんが僕に言う。

「あんな。今日は初対面の人にいっぱい会う日なんや。こういう日は第一印象がめっちゃ大事なんや。そやから会う人会う人に元気よく挨拶しなさい」

そう釘《くぎ》を刺され、おばあちゃんに見送られながら、おかんと一緒に学校へ向かった。家から学校までは歩いて15分ほどだ。

「明日から1人で学校行かなあかんから、この道ちゃんと覚えなあかんで」

おかんは心配そうに言うが、僕はワクワクする気持ちが抑えきれない。ひたすら歩いた。

ついに学校が見えた。自然と足早になる。

入学式なので、先生たちが正門の前で新入生や保護者のみんなに挨拶をしている。

おかんが「第一印象が大事」と言っていたことを思い出し、先生たちに元気よく挨拶をする。

「アンニョンハシムニカ!」

すると、先生たちが『え?』という表情を浮かべた。その『え?』という表情を見て、僕は『ん？』という状態になった。変な空気になった。

おかんが後ろから近づいてきて、僕の頭を軽くパシンと叩《たた》いた。

「その言葉、この人らには通じひんねん。ちゃんと日本語で『おはようございます』って言いなさい」

ここで言う「日本語」という意味を僕は理解していなかったが、とりあえず、おかんの言う通りにした。

「おはようございます！」

学校に到着して最初にやることは受付だ。この受付で奇妙なことを経験する。

受付でおかんが言った名前は「金昌幸《キムチャンヘン》」ではなく、「岡本昌幸《おかもとまさゆき》」だった。

受付を済ませ「おかもとまさゆき」と書かれた名札を付けられ、ここでおかんとは一旦別れる。先生の誘導で新入生が並ぶ場所に連れて行かれ、また別の先生が名札を確認して言う。

「岡本君はここに並んでね」

そう言われ、押し込まれるように列に並ばされた。

『おかもと……？』

当時、自分に名前が2つあるなんて全く知らず、知らないなりに色々と考えた結果、

『小学生になったら、みんな名前がもう1つ増えるんやな』という答えに落ち着いた。

先生がみんなに言う。

「は〜い！　今から体育館に入りま〜す！　そのまま並んだ状態で先生についてきて下さいね〜！」

みんな列を乱さないように先生について行く。体育館に入ると、保護者はもちろん、先生たちや来賓の方々が温かい拍手で迎えてくれた。

席に着き、校長先生や来賓の挨拶、上級生を代表して6年生からのお祝いのメッセージが新入生に贈られた。

式が終わり、担任の先生と教室へ移動する。保護者は教室の後ろや廊下側の窓から自分の子を見守り、クラスメートはそれぞれ自分の親を探し当てては、目が合うと照れくさそうにしている。もちろん僕もだ。

担任の先生から自己紹介を兼ねての挨拶があり、その後は出席確認。

名前を呼ばれたみんなは元気よく「はい！」と返事をする中、ここでも僕の名前は「金」ではなく「岡本」と呼ばれる。

まだ戸惑いがあり、少し元気のない声で「はい」と返事をした。

出席確認を終えると、教科書や学習用具が配布され、この日は終わった。

何だかジェットコースターのような1日だった（この時はまだ乗ったことなかったけど）。

とにかくこの日から、学校では「金昌幸」ではなく「岡本昌幸」になった。

おばあちゃんの跳び膝蹴り

学校生活が本格的に始まった。

実はこの頃、どこからどこまでが「日本語」で、どこからどこまでが「ウリマル」なのか境目がよく分からなかった。もっと言えば、ウリマルが外国語ということすら知らなかった。

ちなみにウリマルとは、朝鮮語・韓国語のことだ。「ウリ」が「私たち」で「マル」が「言葉」。私たちの言葉でウリマル。

少しマニアックな話になるが、ハードコアな在日家庭に生まれると、日本語とウリマルを融合して話すことがある。

これは、日本社会における在日コリアンが独自の方向に進んだことによって生まれた「在日語」という新たなカルチャーだと僕は思う。ウリボンマル（私たちを意味するウリと、日本を意味するイルボンのボンと、言葉を意味するマル）とも言う。今風に言えばハイブリッドみたいなもんだ。

例えば「それ何ですか？」を「それ何ンミカ？」とか、まあそんな感じ。

あと、小学1年生の時に「先生、明日チェサなんで学校休みます」と言うと、先生は明らかに『チェサ……なんやそれ？』という心の声が聞こえてきそうな複雑な表情を浮かべていた。

「チェサ」とは先祖を敬う祭祀《さいし》のことで、ニュアンス的には日本でいう法事にあたる。

まあこんな感じで、当時は日本語とウリマルを区別するという概念自体がなかったのだが、どれが日本語でどれがウリマルか分からなかったり、日本語では何て言うのか分からなかったりした。特に固有名詞には困っていた。

そもそも自分が外国人であることすら自覚していなかったので、ウリマルが外国語というよりは、日本語もウリマルも日本の言葉で、方言みたいなものだと思っていた。

で、これは在日コリアンのみならず、外国にルーツを持つ人であれば共感できる話かもしれないが、親に自分のルーツを教えられていなくても、民族教育のなされる学校に通っていなくても、日常の文化の違いによって、周りと自分の違いに自然と感づくことがある。

僕が最初に感じたのは、「好きな食べ物を書きましょう」という内容の授業の時だった。

クラスメートは、オムライスやハンバーグ、ウインナーやミートボールなどを書いている中、僕はキムチやピビンバ、シレギスープやテンジャンチゲなど、コリアン料理ばかりを書いていた。しかし、クラスメートはその食べ物を知らないのだ。知っていてもキムチくらい。

今でこそキムチは、日本においてご飯に合うおかずランキングで上位に入るほどの市民権を得たと言えるが、韓流ブームやK―POPブームすら皆無だった当時は、小学生で知っているほうがむしろ珍しかった。

その授業を境に『なんで僕は、周りとこんなに違いがあるんやろ?』と、頭の中がハテナマークで埋め尽くされていった。

そんな周囲との違いに少しずつ気づき始めてから、数カ月後に行われた運動会の朝。

「チャンヘン!　イロナ!（起きろ!）」

目を覚ますと、おばあちゃんが立っていた。

「ヨギワラ!（こっち来い!）」

寝ぼけた状態でおばあちゃんについて行くと、朝鮮半島が南北に分断される前の地図が貼ってある壁の前に立たされた。ちなみに、この時はまだ朝鮮半島すら知らない。

「チャリョ!（気をつけ!）」

おばあちゃんの力強い言葉に、僕は直立不動になった。

「ええかチャンヘン。お前は今日、戦うために生まれてきたんや。今日の運動会は祖国のために勝ちなさい。分かったか！」

「祖国」の意味なんて全く理解していなかったが、とりあえず適当に「はい！」と返事をした。

どうやら我が一族にとって運動会はビッグイベントらしく、縁者も集まってきた。そんな運動会で初めて知ったことがある。お弁当だ。お弁当は日本の文化なのである。朝鮮民族は元々、家庭料理を外で食べる場合は、家である程度調理したものを運び、現地で仕上げて味わうという食文化を保ってきた。

とは言え、現代のキャンプにおけるバーベキューなどは別として、この御時世にもなってそんなことをしている奇想天外なコリアンは絶滅危惧種なのだが、奇しくもうちはまさにその危惧種で、運動会当日、軽トラックに食材と調理器具を積み、そのまま学校に向かうのであった。

僕を含め、うちはこれが当たり前だと思い込んでいるわけで、僕が学校に到着すると、すでに到着していたおじいちゃんや縁者たちが、運動場の端のほうで楽しそうに調理を始めているのだ。

青いポリバケツからキムチを出したり、延長コードで電源を引っ張ってきてホットプレートでチヂミを焼いたり、七輪でホルモンを焼いたりと、何もしていない周りの日本人家族とのあまりのギャップに、それまでこれが当然と思っていた僕もさすがに恥ずかしさを覚えた。

さらに、服装も周りとは違うのである。うちの女性は、チマチョゴリという朝鮮の民族衣装を着ているのだ。

陽に当たると色鮮やかでとても綺麗《きれい》なのだが、これもまた周りとの圧倒的なギャップに赤面するのであった。

『かなり浮いてるな……』と心の中で思っていた矢先、少し遅れておばあちゃんとおかんが学校に到着する。

おばあちゃんは表に「ウリヌンイギンダ！（我々は勝つ！）」、裏には「チョググルウィへ！（祖国のため！）」と書かれた大きな旗を持って来た。

おかんは到着するなり僕に言う。

「チャンヘン！　親子対抗リレー頑張ろな！」

周りの家庭は楽しい運動会。しかし、僕の家にとっては闘いの修羅場であることは明白で、運動会に対する熱量の次元が全く違っていた。ちなみに親子対抗リレーはぶっちぎりの1位だった。

そして迎えた50メートル走。これは個人種目においてはメインイベントである。

出番を待って並んでいると、何だか視線を感じた。

ふと家族のほうに目を向けると、おばあちゃんが人差し指をクイックイッと曲げて『こっちへ来なさい』と招いているのが見えた。急いで向かった。

「チャリョ！（気をつけ！）」

『あ、またか』と思いつつ、僕は再び直立不動になった。

おばあちゃんは、僕の両頬を両手でパシパシと強く叩き、鋭く睨《にら》んで言った。

「いいかチャンヘン。1番以外は死を意味するんや。祖国のために絶対1番になれ！」

よく分からないが、適当に頷《うなず》き、50メートル走に挑んだ。

必死に走った結果は、4人の中で2位だった。

悔しさはなく、僕の中では満足な結果だったので、そのままクラスのところへ戻ろうとした。その時だった。

後ろのほうから「ヤー！（コラー！）」と大声を荒らげながら、誰かがこっちへ向かってくるのを感じた。

振り向くと、おばあちゃんが全速力で僕に向かって走って来る。

おばあちゃんは、ほどよい間合いで立ち止まると、次の瞬間、自分の右膝を僕の顔面にめり込ませた。跳び膝蹴りだ。

よく漫画やアニメで、殴られた時に星のようなものが飛んだりする描写があるが、パチンと小さい電気の閃光《せんこう》のようなものが本当に見えた。

気づけば運動場に仰向けで倒れていた。朦朧《もうろう》とする僕に向かっておばあちゃんは怒りを爆発させながら言う。

「なんでわしらが負けるんや！　こんなところで負けてたら、わしらはこれからの日本社会で生きていけへんのや！」

眉間にシワを寄せながら、物凄い迫力で言葉をぶつけてきた。

その地響きのような怒りの声は、僕を身体の芯から震え上がらせた。この日から、僕にとっておばあちゃんは恐怖の存在となった。

無視

なぜか2年生の記憶が全然ないのだが、クラス替えをし、3年生になった。

ある日のこと。給食の時間になり、机をくっつけた。同じ班の人と一緒に食べるのだ。

その日の献立表には「ビビンバ」の文字があった。クラスのみんなが「ビビンバって何？」と会話をしていた。

担任の先生がクラスの様子を見て言う。

「今日の給食のビビンバは韓国の食べ物で〜す。みんな美味しく食べて下さいね〜！」

僕は「ピビンバ」を知っていたから、珍しそうにしていた班のみんなに説明した。

「ビビンバって書いてるけど、ほんまはピビンバやで。混ぜご飯って意味やから混ぜて食べるんやで」

すると、同じ班の伊藤さん（仮名）が言った。

「へえ！　そうなんや！　岡本君なんでそんなこと知ってんの!?　食べたことあるん？」

「みんなの家はピビンバ食べへんの？　僕の家はよう食べんで」

そこで同じ班の木下君（仮名）が言う。

「岡本って『ちょうせんじん』なんやろ？」

伊藤さんは木下君に言う。

「ちょーせんじんて何なん？　岡本君って日本人ちゃうの？　外人なん？」

木下君は少し困った様子で言う。

「んー、俺もよう分からんけど、母さんがそう言うてたわ」

みんな「ふーん」という感じでその話題は終わった。

僕は僕で、家では朝鮮人という言葉は当たり前に出るわけで、言葉自体は聞き慣れてはいるものの、朝鮮人の具体的な意味までは理解していなかった。理解していないが故に、生まれた地域によって呼び方が変わるのだろうくらいにしか思っていなかった。

日本人の中の関西《かんさい》人、関西人の中の京都人、京都人の中の朝鮮人みたいな認識だ。

日本で外国人として生まれたからといって、その本人が自発的に自分は外国人であると自覚することは、幼い時ほど難しいだろう。

皮膚の色など、外見的に周りの人たちと大きな違いがあれば、幼くても疑問を持つかもしれないが、僕の場合、それを全く感じることはなく、学校では日本名を名乗っているので、僕もクラスメートも、言葉以外は特に何の違和感も持たずに生活していた。

日本で外国人として生まれたって、幼い時はそんなもんである。

むしろ、周りからの何気ない発言や質問で気づかされたりすることのほうが多い。

例えばこんな感じだ。これもピビンバからしばらく経った給食の時間のこと。隣の班の村山君(仮名)が、いきなり大きな声で言った。

「岡本って毎日キムチ食ってんのけ?」

突然の質問に驚いたと同時に、教室が一瞬凍りついたのを感じた。すると、伊藤さんが大きな声で村山君に言った。

「そんなこと聞いたら可哀想やんか！」

伊藤さんの言う「可哀想」の意味が分からなかったが、この一件を境に、クラスの雰囲気が毎日少しずつ変化していくのを感じるようになる。

次の日、クラスメートに話しかけると、返ってくる反応が何かよそよそしい印象を受けた。最初は気のせいだと思っていたが、日を重ねるごとにその反応はますます薄くなり、だんだんと彼らとの距離を感じるようになった。そして最終的には、ほとんどのクラスメートが僕と喋ってくれなくなった。

「無視」だ。原因が全く分からなかった。

僕が彼ら彼女らに何か嫌なことを言ったり、悪いことをしたりしたんじゃないかと振り返ってみたが、思い当たる節は全くない。もしかしたら、僕の身体から変な臭いが出ているのかもしれないと考えて、早起きをして、お風呂で念入りに全身を洗ってから登校したこともあった。

そんなある日。登校してロッカーに行くと、上靴がなくなっていた。

辺りを探しても見つかりそうになかったので、とりあえず靴下のまま教室に行った。

チャイムが鳴り、出席確認が始まる。上靴を履いていないことが先生にばれないように足を隠す。昼休みの時間は教室にいるのも居心地が悪かったので、誰も立ち入らない静かな場所で過ごした。

終わりの会を終えロッカーに急ぐ。外履を履き、急いで帰ろうとしたその時だった。後ろから誰かに肩をポンポンと叩かれた。

振り向くと、知らない人だった。

他のクラスの人だろうか。それとも違う学年の人だろうか。彼は言う。

「よう分からんけど、『中庭の鯉《こい》のとこに行け』って。そう言えって言われた」

嫌な予感がした。

中庭に向かい、鯉がいるコンクリート製の水槽に到着した。恐る恐る伸び上がって水槽の中を覗くと、底に白い靴が沈んでいた。名前を見ると「オカモト」の文字が確認できた。水の中に手を入れ、沈んでいる上靴を取り出した。

心臓が激しく鼓動しているのが分かる。

気持ちが落ち着き、びしょ濡《ぬ》れの上靴を持ち帰る。

小学校入学から中学校卒業までの間、おかんは夜の祇園でクラブを経営していたため、僕の帰宅の時間には出勤していて家にはおらず、また登校時間には寝ている。だから平日はおかんと会う機会はほとんどなかった。

朝も夜も食事は毎日欠かさず作り置いてくれていたので、毎晩1人でご飯を食べ、テレビを観たりして過ごしていた。僕は孤独を感じてはいなかった。

でも、この日は違った。誰もいない家に帰って、そのまましばらく玄関で立ち尽くした。おかんに助けを求め、今すぐにでも泣きつきたいという気持ちがあった。その一方でおかんにだけは絶対にばれたくない気持ちもあった。

玄関に立ち尽くしてどれくらいの時間が経ったか分からない。かなりの時が経過して、やっと我に返ってリビングに移動した。

午後4時には帰ってきたはずなのに、時計を見たら午後6時を回っていた。テーブルにはおかんが作ってくれた夜ご飯が置いてある。

『あー。とにかくご飯食べなあかんな……』

その日はなぜか、ご飯を電子レンジで温める気力さえ出せず、冷えたままのご飯を食べた。

『味を感じない』

不味いとかではなく、とにかく味を感じなかった。

結局、テレビを観る気分にもなれず、食事を終えてシャワーを浴び、すぐにベッドに向かった。

寝ようとは思うものの、目は瞑《つぶ》っているのに、頭で色々なことを考えてしまって全く眠れない。

目を瞑ったまま長い長い時間が経った。午前4時か5時だろうか。カチャッと鍵が開く音が聞こえた。

『オモニが帰ってきた』

ちなみに、僕は母のことを心の中ではオモニと言い、言葉を発する際は中学の途中までは母さん、それ以降はおかんと言うようになった。

ドアが開き、部屋に光が差し込んでいるのが目蓋越しに分かった。おかんは部屋に入ってきて、僕の頭を優しく撫《な》でた。強く抱き締めてほしい気持ちでいっぱいだったが、そのまま寝たふりを続けた。

手が離れ、目蓋越しの光は消えた。部屋は再び真っ暗になった。

『オモニはいつも頭を撫でてくれてるんかな？』

ともかく、それだけで満足だった。

その日、人生で初めて一睡もせずに夜を明かした。

「ちょうせん人死ね！」

夜が明けた。登校時間が近づく。

学校に行きたくない気持ちがあるが、行かないともう二度と学校に行けなくなりそうな気がしたので、とにかく行くことにした。
1、2年生の時に同じクラスだった同級生が登校途中に挨拶をしてくれた。それだけで嬉しかった。
学校に到着し、家から持ってきた乾いた上靴を取り出した。ロッカーで2人のクラスメートに遭遇。勇気を出して挨拶をしてみた。

「おはよう！」

すると、1人は「おはよう」。もう1人は「おう」という反応だった。悪くはない反応だ。

完全に無視をされているわけではないことを確認できてよかった。この収穫はでかく、勇気を出して登校した甲斐《かい》があったと思った。

教室に入って積極的に挨拶してみた。

しっかり挨拶を返してくれる人。反応は薄くても挨拶は返してくれる人。目を合わせて「おう」と気まずそうに返してくれる人。目は合わせないが一応返してくれる人。完全に無視をする人。

ある日の給食の時間から、班では会話がなくなった。会話をするとすれば、飲み終わった牛乳パックをまとめる牛乳当番を決めるジャンケンをする時くらいだ。そんな日々が数週間続き、次第に挨拶すら返してくれない人のほうが多くなっていた。

夏休みに入った。僕は夏休みのほとんどを、おじいちゃんとおばあちゃんのいるウトロで過ごす。しばらく学校に行かなくていいと思うだけで気が楽だった。

特に毎年、一族で集まって、海や川に行って過ごすのが恒例行事で楽しみだった。

何より好きだったのは、おじいちゃんと過ごす時間だ。おじいちゃんは、海に行った時は僕を浮き輪に乗せて遠い沖のほうへ連れて行き、深いところまで潜っては、素手で貝を採ったり、モリで魚を獲ったりした。その野性的な姿を水面から水中眼鏡で観察することが楽しかった。川に行った時は、僕が構える網に向かって、おじいちゃんは魚を追い込んだ。魚はいつもたくさん獲れた。川ではそんな共同作業が実に楽しかった。

しかし、夏休みが終わりに近づくと、また学校のことで憂鬱になってきた。

2学期がスタートした。

ほとんどのクラスメートが、会話どころか挨拶すらしてくれない状況になった。しかし、不思議とそんな日々に慣れ始めてしまっている自分がいた。『これはこれで別にいいかもしれない』そう思うようになっていった。

昼休みは図書室で過ごすようになった。学校の図書室には「手塚治虫」のコーナーがあり、『火の鳥』『ブッダ』などを読んだことがきっかけで漫画が好きになった。家に帰ってもテレビを観て楽しむ余裕ができ、学校に行くことや教室にいること自体は苦痛ではあるものの、それ以外は普通の日常生活を送っていた。

そんなある日のこと。

いつも通り登校して教室に入り、自分の席に座ろうと椅子を引くと、椅子にたくさんの画鋲《がびょう》がばら撒《ま》かれていた。

小さな笑い声が聞こえたので辺りを見渡すと、木下君と村山君が笑みを浮かべながらこっちを見ていた。チャイムが鳴った。先生が教室に入ってきたので、急いで椅子の画鋲をランドセルに入れた。

『今日は明らかにいつもと雰囲気が違う』

誰が上靴を水槽に入れたのか？　誰が画鋲を椅子にばら撒いたのか？　そして何より、なぜこんなことをされるのだろうか？　授業中はずっとそんなことを考えていた。

給食の時間になった。相変わらず会話はない。すると、いつもは牛乳当番を決めるジャンケンだけはやっていたのに、この日は班のみんなが牛乳パックを僕の机に無言で置いた。すぐに察した。今日からずっと僕が牛乳当番なんだと。その通りになった。違う班の村山君が牛乳パックを僕にわざわざ持ってきた日もあった。


ある日のこと。5時間目が始まり、机の引き出しから教科書とノートを取り出した。何となく教科書のページをめくっていると、落書きのようなものを見つけた。しかもそれは1ページだけではなく、いくつかのページに書かれているようだ。

「ちょうせん人死ね！」「国にかえれ！」「学校くんな！」「キムチくさいんじゃ！」

これらの文字を目の当たりにして、僕は完全に身体が固まってしまった。

この時以来、「朝鮮人」という言葉に対して自分自身が強く意識するようになった。まだ自分が外国人であるという認識や、そもそも歴史の知識すらないので、「国に帰れ！」

という言葉にはピンときていなかったが、少なくとも、僕はクラスでいじめの対象になっているということがはっきり分かった。

「おい、なんで朝鮮人が教室いんねん」

「何かキムチ臭くないけ？」

「キモいねん。学校来んなや」

「まだ生きてんのけ。はよ死ねや」

など、先生がいない時は、木下君と村山君から言葉で直接言われるようになった。

さすがに精神的に辛くなった。

『来週から学校に行くのはやめよう』

下校の時間。急いで教室を飛び出した。一刻も早く学校から出たかった。

正門を出て、学校が見えなくなるくらいまでの距離を走る。すると、後ろのほうから誰かが追いかけてくるのが分かった。

「岡本くーん！」

振り向くと、同じ班の伊藤さんだった。

「岡本君。ごめん。木下君と村山君がクラスのみんなに、岡本君はちょうせんやから喋るなって言ってて。ほんまは助けたいんやけど私も怖いねん……何もできんくて、ごめん」

僕は無言のまま去った。決して伊藤さんを無視したわけではない。伊藤さんの気持ちは嬉しかった。ただ、後ろのほうに下校中のクラスメートが見えたので、僕と一緒にいるところを見られたら伊藤さんにとってよくないと思って去ったのだ。

『もう二度と、学校の人と会うことはない』

しかし、もう学校には行かないと決めたこの日、僕にとってのヒーローが現れる。忘れもしない。この日は金曜日だった。おじいちゃんとおばあちゃんに会うため、ウトロに行った。

その夜、金曜ロードショーでジャッキー・チェンの『ドランクモンキー酔拳』が放送された。というのも、翌日の土曜日が『酔拳2』の公開日だったので、前日に前作が放送されたのだった。

初めてジャッキー・チェンの映画を観た。

ジャッキー・チェンが演じる落ちこぼれの主人公が厳しい修行を経て、1度負けた宿敵に立ち向かって勝つという内容だった。

感動した。衝撃だった。当時の僕にとって、強い敵に立ち向かうジャッキー・チェンの姿は本当に勇気づけられるものだった。

よっぽど喜んでいたのか、おばあちゃんが言う。

「明日これの続きを映画館でやるらしいわ。観たいか？」

「え！　これの続きあんの⁉　観たい！」

「じゃ明日一緒に観に行こか」

「えー！　行くー！」

あの日のことは何もかも鮮明に覚えている。

テレビに釘付けになり、修行のシーンではパンチやキックを真似したり、闘うシーンではジャッキー・チェンを応援したりした。

僕は、仮面ライダーやウルトラマン、戦隊モノといったヒーローモノにはあまり興味を持たなかった。人生で初めて興奮を覚えたのがジャッキー・チェンだ。

次の日、おばあちゃんと『酔拳2』を観に行った。おばあちゃんと2人で出かけたのはこれが初めてかもしれない。

前日を上回る大興奮。ジャッキー・チェンは、僕にとって不動のヒーローになった。

あまりの興奮具合だったんだろう。おばあちゃんが鑑賞後に言う。

「もう1回観るか？」

実は、もう1回観たくてウズウズしていた。

「いいの⁉　観るー‼」

結局この日は『酔拳2』を2回観た。何だか強くなれた気がした。背後に敵がいないかを確認しながら帰った。

結局、次の週からも学校に行った。

ジャッキー・チェンのように強く、そして何事にも逃げずに立ち向かう男に自分もなりたかったからだ。

学校に行くと、無視や嫌がらせの日々は変わらなかったが、ヒーロー「ジャッキー・チェン」は僕の心の大きな支えとなり、何とか自分を保つことができた。

そんな感じで3年生を終えた。

暴力の日々

クラス替えもなく小学4年生になった。

学年が上がっても、クラスメートの僕に対する態度や仕打ちは変わらない。

4年生になると、週に1度のクラブ活動が始まる。僕は漫画が好きだったので、イラスト漫画クラブを選んだ。うちの学校は4年生から6年生までが、同じクラブに所属して活動をする。

普通の授業とは違い、他のクラスの人や上級生もいるので、クラスでの無視や嫌がらせに日々苦しんでいた僕にとって、週に1回のクラブ活動は楽しみの1つになった。

クラスメートも数人いるが、絵を描く作業がほとんどなので、みんなはそのことに集中しており、僕に対しては害がなかった。何よりチャイムが鳴ってクラブ活動が終われば教室に帰ることなく、そのまま下校できるので気が楽だった。

イラスト漫画クラブでは、最初に何を描くのかを考える。1枚の絵を描いてもいいし、4コマ漫画などを書いてもいい。

僕はちょうど『手塚治虫の旧約聖書物語』を読んでおり、天地創造の話に出てくる神が人を造り、エデンの園にアダムを置く話が好きだったので、「楽園のアダム」を描くことにした。

小学4年生にしては渋いテーマを選んだと思うが、当時の自分の境遇を思えば、学校生活の週に1度のクラブ活動は、僕にとって「エデンの園」そのものだったのかもしれない。

そんな数少ない学校生活での自分が安らげる時間。しかし、楽園は地獄へと化していく。

4年生になって1カ月ほどが経った頃。

集中して絵を描いていると、後頭部に小さな刺激を感じた。最初は気のせいだと思っていたが、何度も何度も小さな刺激を感じるので、後頭部を左手でゴシゴシと掻《か》いた。すると、後ろのほうで小さな笑い声が聞こえた。振り向くと、6年生の2人がこっちを見て笑っていた。

『何だろう?』と気にはなるものの、とりあえず絵の続きを描くことにするが、また後頭部に刺激を感じる。再び振り向くと、堤（仮名）と浜口（仮名）という6年生の2人組が消しゴムをちぎった欠片を僕に向かって投げようとしていた。

堤は僕に見つかったために、野球でいうボークのように途中で止めた。結局、その後もチャイムが鳴るまで消しゴムの欠片は何回も飛んできた。

クラブ活動の時間が終わり、下校しようと廊下に出た時だった。後ろから右肩にドンと何者かがぶつかって来た。先ほどの6年生の2人組だった。

「おーすまん」と言って、そのまま彼らは立ち去った。

この日を境に、クラブ活動では2人による嫌がらせが始まった。

クラブ活動での席は自由だった。それをいいことに、堤は僕の真後ろの席に座るようになる。先生が目を離している隙を見計らって、僕の頭や背中を叩いたり、足を蹴ったりしてきた。

1番後ろの席に座ろうとすると「お前の席は俺の前やろ」と言われ、強制的に堤の前に座らされた。楽園だったはずのクラブ活動もまた苦痛の時間となった。僕がいったい何をしたというのだろうか。何かの罪による罰なのだろうか。

「楽園のアダム」の次の絵は、神に背いて禁断の果実を食べ、楽園を追い出されたアダムとエバ（イブ）の絵にした。

特定の宗教を信仰しているわけではないが、当時、『手塚治虫の旧約聖書物語』を読んでいた僕にすれば、神が僕に生きる試練を与えているのではないかとさえ思えた。

ある日のクラブ活動終了後。2人に「ちょっと来いや」と言われ、人の目につかない校舎の裏へと連れて行かれた。氷のような声が耳に響いた。

「お前、朝鮮人らしいな」

次の瞬間だった。堤に髪の毛を力いっぱい摑《つか》まれ、お腹に思いっきり膝蹴りを喰《く》らわされた。地面に蹲《うずくま》ると、次は浜口が右横腹に思いっきり蹴りを入れて来た。

叫びたかったが声が出なかった。今自分に何が起こっているのかさえも分からなかった。

「朝鮮人のくせに調子乗んなよ」

堤はそう言い放ち、2人は去っていった。

帰宅してからも腹部の痛さで、夜ご飯を食べる気力も、テレビを観る気分も起こらず、シャワーも浴びずにそのままベッドに横になり、気絶したかのように眠りについた。

次の日の朝。学校に行くこと自体が苦痛になっていた。でも、おかんにだけは絶対にばれたくないという一心だけで学校に行った。

公園で1日を過ごそうかと何度も考えたが、学校に行かない時点で学校からおかんに連絡が入ってどうせすぐにばれるので、この日からただただ我慢の日々が続いた。

2人との遭遇をなるべく避けるため、昼休みに大好きだった図書室に行くこともやめた。暴力で痛い思いをするくらいなら、クラスで孤独に耐えるほうがまだ断然いい。しかし、週に1度のクラブ活動だけは避けることができない。

あれから1週間。クラブ活動の日を迎えた。

教室を移動すると、堤が自分の前の席に座るよう指示してきた。ちょうど先生が入ってきたので、僕は透かさず違う席に座った。その直後、堤が机をドン！と叩いた。

先生が「どうしたんや？　何かあったんか？」と聞くも、堤は「いや、何でもないっす」と言って僕を睨んだ。

チャイムが鳴って急いで帰ろうとすると、2人が追いかけてきた。腕を摑まれ、堤に「お前何逃げてんねん！」と言われ、そのまま校舎の裏へと連れて行かれた。

堤が言う。

「お前、俺無視したよな」

「いや、気づかなかったんです」

「嘘《うそ》つくな！　目合ったやろ！」

「ごめんなさい。先生が入ってきて……」

話している最中のことだった。浜口が後ろから僕の首を絞め、堤は僕の頬を何度もビンタしてきた。そしてお腹を殴り蹴る。地獄だ。

恐怖と痛さで泣き叫んだが、泣けば泣くほど、叫べば叫ぶほど暴力はエスカレートした。帰り道。初めて泣きながら家に帰った。

次の日の朝。身体中が痛い。この日もばれたくない一心で学校に行く。そしてこの日から、堤を筆頭に、彼のグループからの暴力の日々が始まった。

ある日は、ロッカーの前で僕が登校するのを待っていた。そのまま体育館の裏に連れて行かれて、「おい朝鮮人！　朝の入国審査じゃ！」と告げられ、殴り蹴られた。堤のメンバーは先生にばれないように、服で隠れている部分に暴行を加えてきた。一方的に殴られ続けて、しばらくすると「よっしゃ。じゃ教室行っていいぞ」と堤の合図で終わる。

ある日の昼休みは体育倉庫の裏に呼び出され、首を絞められながら4、5人に暴行を受けた。雑草を食べさせられたり、焼却炉に閉じ込められたりもした。

またある日の放課後は芋畑に呼び出され、僕に向かって軟式ボールを金属バットで打ってきた。僕はひたすら芋畑中を逃げまわった。

この時、ボールが右耳に当たって出血した。それを見た6年生は立ち去り、僕は保健室へ行った。

当然、保健室の先生は「どうしたん⁉」と聞いてきたが、僕は「友達とキャッチボールして遊んでたら耳に当たりました」と言うことしかできなかった。「いじめられている」なんて到底口にはできない。

ある日、いじめが発覚した。

昼休みに体育倉庫の裏に呼び出されていたが、僕は命令を無視してプール横の茂みに隠れていた。しかし、すぐに浜口に見つかってしまった。

グループのリーダー、堤が登場した。堤は、ポケットから箱を取り出し、中から彫刻刀を取り出した。「こいつ押さえろ」。5人がかりで体を押さえられ、身動きが取れなくなった。

恐怖がピークに達した。泣き叫び、必死に助けを求めた。しかし、大量の砂を口に入れられ、あまりの恐怖と苦しさに完全にパニック状態になった。

彫刻刀で左腕を引っ掻かれた。

「お前らもやれ！」

彫刻刀で腕を何度も引っ掻かれる。

しばらくすると、再び堤が彫刻刀を手にした。堤はまた左腕を引っ掻く。何度も何度も連続で僕の腕を引っ掻く。すると、半熟卵がプチッと破れるような感覚があった。

「やば！　逃げろ！」

堤のひと言で、６年生は全員走り去っていった。

何が起こったのか全く分からなかったが、左腕が痺《しび》れ、だんだんと感覚が麻痺《まひ》していくのを感じた。自分の左腕を見ると、大量の血が噴き出ていた。

『血出てる……止めなあかん……』

傷口を右手で塞ぎながら、不安定な足取りで運動場の真ん中を突っ切って保健室へ向かう。

運動場で遊んでいた生徒たちは、血だらけの僕を見て驚いている。

『このまま死ぬかもしれへんな……』

なんて考えていると、誰かが職員室にでも行って緊急を知らせてくれたんだろうか。校舎から先生が急いで飛び出して来るのが見えた。先生は僕を抱え、保健室まで運んでくれた。

「先生……6年生に刺されました……助けて下さい……」

初めて人に助けを乞うた瞬間だった。

ここで意識を失った。

おかん、校長室に登場

病院に運ばれた。保健室での適切な応急処置の甲斐あって、結果的には重傷とまではならなかった。病院にはおかんも駆けつけた。

結局、いじめられている事実は言うことができず、「6年生と彫刻刀でふざけて遊んでたら刺さってしまった」と伝えた。

僕が嘘をついていることくらいは分かっていたと思うが、おかんは様子を見たいと考えたのか、それ以上は追及されなかった。

次の日。さすがにクラスメートは心配したのか、「大丈夫?」と何人かが声をかけてくれた。

放課後。関わった堤のグループ全員とそれぞれの担任の先生を交えて、多目的室で昨日の件について話し合いの場が設けられた。

「何があったか説明してくれる？」

とにかく6年生、特に堤の目が怖かったので、病院で言ったことをそのまま言った。

先生は「岡本君の言ってることは間違いないの？」と6年生に聞くと、堤は「はい。ほんまにふざけすぎたと反省してます」とそんな感じで話は進み、堤たちからの謝罪を受けた。

「岡本君もこれで許してあげてくれる？」

先生の言葉に、コクリと頭を縦に振った。


しかし、いじめの厄介さはここからだ。

次の日の朝。堤のグループの2人がロッカーの前で待っていた。僕を見るなり言う。

「はい朝鮮人来たー！」

髪の毛を力いっぱい鷲摑《わしづか》みにされ、そのまま引っ張られた状態で体育館の裏まで連れて行かれた。

堤を含めたいつものメンバー6人に加え、さらにもう2人いた。総勢8人。もう絶望だ。

堤が目の前まで来て、鋭く睨みながら言う。

「お前なに先生にチクってんねん！」

そのまま僕の左顎を思いっきり右の拳で殴った。膝が崩れ落ちたところを8人がかりで殴る蹴るの嵐に遭う。

6年生が去った後、木を背もたれにしてぐったりした。

『こんなに惨めな学校生活を送っているなんて、オモニ、ハラボジ、ハンメには絶対にばれたくない』

この期に及んでも、小学生になった僕を喜んでくれたおかんを絶対に悩ませたくなかった。小学生になった僕を心から祝福してくれたおじいちゃんとおばあちゃんを絶対に悲しませたくなかった。

だから今まで、ケガをした際は、家に入る前におかんの車があるかどうかを確かめに行った。休日は、おかんとなるべく顔を合わさないようにするため「友達と遊んでくる」と存在しない友達を作り上げて、1人で1日中ボールを蹴って遊んでいた。

おじいちゃんとおばあちゃんにも体のアザがばれないように「もう1人でお風呂に入れる」と言って、1人で入浴した。

1人でお風呂に入ると言った時、おじいちゃんとおばあちゃんは少し寂しそうな表情だった。でも、学校でいじめられていることを知って悲しむくらいなら、一緒にお風呂に入ることを犠牲にしたほうがいいと思った。

家族にとっての僕チャンヘンは、学校では友達と一緒に楽しい学校生活を送っていなければ絶対にダメなのだ。

だから、何としてもばれるわけにはいかなかった。そのために今まで、楽しい日常を送っているように演出していた。でも、もう無理かもしれない。

家族にばれるかもしれないという不安、ばれた時に悲しんでしまう家族の姿、何より、弱い僕に家族は失望するんじゃないかという恐怖で頭の中がいっぱいだった。

とりあえず教室に向かった。途中、廊下で遭遇した先生は、口や鼻から流血している僕を見て驚いて言った。

「岡本君！　どうしたんや！」

「何でもないです……」

「一緒に保健室に行こ！」

先生に連れられて保健室へ行った。

「あの6年生か？　岡本君、ほんまはいじめられてるんちゃうんか？」

「ほんまに何でもないんです」

「何でもないワケないやろ！　ちゃんと説明しなさい！」

問い詰められれば問い詰められるほど萎縮してしまい、黙り込んでしまった。

先生は不安そうな表情を浮かべながら言う。

「とりあえず落ち着いたらまた話そう」

手当てを終えて教室に行った。

『首吊《っ》り……飛び降り……』

授業中、気がつけば自殺の方法を考えていた。

『どの死に方が1番楽に死ねるんやろ？』

学校でのいじめが原因で自殺してしまう生徒の報道をよく見る。無視が始まった頃は、『なんで僕がこんな目に遭わなあかんねん！』と気持ちのどこかではまだ反発するモチベーションがあった。きっとこの初期段階ならば、いじめを傍観している周りが勇気を出してＮＯと言うことができれば、どんな被害者でも救えるだろう。僕はそう信じている。

しかし、人間は不思議な生物で、毎日いじめを繰り返されると考え方が変わる。

『自分は生きていたらあかん人間なんや』

『自分は生きているだけで人に迷惑をかけてしまうんや』

なぜかそう思えてくる。いや、むしろそう思うほうが楽なのかもしれない。いじめられる理由を自分で作って納得してしまえば、少しでも楽になった気がするのだ。こうなってしまうと、いじめられっ子を救うことは難しい。

なので、もしも周りでいじめを目撃したら、是が非でも人はそこでNOと言うべきなんだ。

6時間目のチャイムが鳴り、先生が僕を職員室に呼び出した。

「岡本君、ほんまに大丈夫なんか？　辛いことがあったら何でも先生に言っていいんやで」

「ほんまに大丈夫です」

親身になってくれることは嬉しいはずなのに、先生の優しさ自体が辛くなってしまって、勢いで職員室を飛び出した。

正門から帰ると、堤たちが待ち伏せをしていることがあったので、少し遠回りにはなるが、ここ最近は正門ではなく校舎の裏の門から帰っていた。

校舎の裏を歩いていると、後ろから先生の声が聞こえた。

「危ない！」

先生の叫び声が聞こえた直後だった。

バーン！　凄く大きな音が響いた。

驚いて振り返ると、石がたくさん入ったアルミのバケツが落ちていた。

『何やこれ……』

見上げると、堤たちが笑っていた。浜口が校舎4階から僕を目掛けてバケツを投げ落としたのだった。

堤が楽しそうに言う。

「めっちゃ惜しいやん！」

「もうすぐ朝鮮人退治できたのに！」

最悪の場合、当たっていたら死んでいたかもしれない。僕はその場を立ち去ろうとした。

「待ちなさい！」

担任の先生が呼び止めた。

「その6年生も全員職員室に来なさい！」

先生は、僕を心配して後をついて来たのだ。そして、たまたま6年生が4階からバケツを僕目掛けて投げ落とす瞬間を目撃したのだ。

校長室に集められた。

彫刻刀の件を含め、担任の先生は校長先生に一部始終を説明し、校長先生の説教が始まった。

校長先生は、6年生に声を荒らげて言う。

「お前ら！　いじめは最低やぞ！」

すると、堤は校長先生に言う。

「だってこいつ朝鮮人なんやで！　母さんが朝鮮人は敵やから成敗しなあかんって言うてたし、やられる前にやらなあかんやん！」

耳を塞ぎたくなるような言い合いが続く。

堤の話だけではなく、クラスでも似たような理由を言われた。「クラスに朝鮮の人がいる」と親に言うと、一部の親が「朝鮮人とは喋るな」「朝鮮人とは遊ぶな」「朝鮮人とは関わるな」と指図したり、中には「病気が移るから近づくな」「朝鮮人は日本人の敵やからやっつけろ」とたきつける過激な親もいたということだった。

この時、あることを思い出していた。

小学1年生の運動会の「こんなところで負けてたら、わしらはこれからの日本社会で生きていけへんのや！」というおばあちゃんの発言だ。

この時、初めて分かった。

『自分は周りの人とは同じ人間やないんや』と。

『もうこれ以上、辛い思いをしたくない。十分頑張った。死のう……』

そんな時だった。

ガチャ、バーン！

学校からの連絡を受けて、おかんが校長室に登場した。

「こんちわ〜！！！」

派手な登場シーンだった。

おかんは校長先生のほうに向かって歩いていく。校長先生の机に軽く乗り出して、目は睨みつけながらも、少し微笑みながら言う。

「なんかあったん⁉」

校長先生はおかんの勢いに圧倒された様子だったが、一部始終を説明した。聞き終わるとおかんは大笑いしながら言う。

「ハッハッハ。それは景気のええ話やな！」

おかんと校長先生のやりとりが少し面白かったので、僕は笑いを堪えながらその光景を観察していた。

『オモニは堤たちに何て言うんやろ？』と注目していると、おかんは校長先生に言う。

「ところでさ、なんでいじめってやったらあかんの？」

僕を含め、堤たちや校長先生も驚きの表情を浮かべた。おかんは続ける。

「あんた、ほんまにいじめなくなると思ってんの？」

校長先生は怒り気味に言う。

「いや、あなたのお子さんがいじめに遭ってるんですよ！　そもそもいじめというのは最低な行為で……」

校長先生が話している最中におかんは割り込んだ。

「黙れ！　子どもにとってあんなおもろいもん、なくなるわけないやろ！」

それを聞いた校長室にいる全員が凍りついた。校長先生は少し間を置いて怒りながら言う。

「今の何なんですか！　問題発言ですよ！」

おかんは動じることなく言い返す。

「わしな、なんでこの学校でいじめがなくならへんのか知ってるんやけど、教えたろか？」

僕は、おかんが何を言うのか注目した。

「それはな、この学校で、子どもたちにとっていじめよりおもろいもんがないからや！お前、学校のトップやったら子どもたちにいじめよりおもろいもん教えたれ！　じゃ、わし帰るわ」

そう言っておかんは校長室を後にしようとした。部屋を出る前に堤たちに言う。

「素敵な夢持ってる子はな、いじめなんてせえへんのや。お前らのやってることはただの弱いもんいじめや。強さを自慢したかったらルールのある世界で勝負せえ！」

そう言い捨てて、おかんは僕の手を取って校長室を後にした。

胸に刺さる衝撃的で魅力的な言葉だった。

帰り道。おかんが言う。

「わしらはな、朝鮮人でおまけに母子家庭や。あんたは朝鮮人であることをマイナスやと思ってるかも知れんけど、むしろプラスなんや。周りにハンデあげてると思えばええねん」

おかんはさらに続けた。

「朝鮮人とか母子家庭とかで今まで散々ナメられてきたけど、わしは絶対負けへんで。でもな、お前に母親以上のことはできても、父親以上のことはできひんねん。だからお前は父親がいいひん分、頑張らなあかん。そやから一緒に頑張ろな」

その日の夜。僕は京都の西院《さいいん》に住む母方の曽《ひい》ばあちゃんの家に行った。曽ばあちゃんは在日コリアンでは珍しい平壌《ピョンヤン》出身だ。

曽ばあちゃんは、皿に盛った切り立ての林檎を持ってきた。林檎をフォークで刺し、僕の口元に差し出す。

「モゴ（食え）」

ひと口食べると、曽ばあちゃんは言う。

「オマエ、ガッコウでイジメられたらしいね」

早々こっ恥ずかしかった。

続けてこんな言葉を贈られた。

「ナニジンとかはカンケイないんやで。ヒトはな、イジメられたくなかったら、ヒトよりドリョクせなアカン。

だから、いつかジブンがガンバれるもんにデアったら、それをイッショウケンメイガンバってイチバンになりなさい。

イチバンになったらな、イジメられるどころか、オマエをマモってくれるヒトがタクサンアツまってくるんや。だからそういうジンセイアユみなさい」

この時はまだ響かなかったが、この言葉は後の僕に多大な影響を与えることになる。

2・ジャグリングとの出会い

「コロコロ」が学校生活を変えた

2年ぶりのクラス替え。5年生になった。

6年生は卒業し、クラス替えという大きな環境の変化もあってか、完全ではないものの3、4年生時のような無視や嫌がらせをされる状態ではなくなっていた。

クラスメートと適度に話し、昼休みや放課後も適度に遊んだ。

また、担任がすぐ怒る怖い新任の先生だったので、クラスメートは大人しくしていた。無視や嫌がらせが減ったのも、これが要因の1つかもしれない。先生の機嫌を損ねないように、見えない連携意識が生まれたようにも思えた。

話は少し変わるが、当時、社会現象となるほどにあるゲームが大ブームだった。今では世界中で大人気の『ポケットモンスター』。縮めてポケモンである。

僕は小学3年生の頃から、漫画雑誌『月刊コロコロコミック（以下・コロコロ）』を毎号購読していた。この漫画雑誌は、おもちゃやゲームの情報が載っていて、僕が通っていた学校はもちろん、全国のほとんどの小学生男子がコロコロを愛読していた。

最初は主に『ドラえもん』を目当てに買っていたのだが、ある号から「ミニ四駆」を題材にした『爆走兄弟レッツ&ゴー!!』にはまってしまう。

コロコロは前のほうにおもちゃやゲームの情報が載っていて、後ろのほうに漫画が載っている。人気漫画とタイアップしたおもちゃを出すこともあり、時には大ブームを引き起こすこともある。実際『爆走兄弟レッツ&ゴー!!』の大ヒットをきっかけに、1995年、僕が小学4年生の時には、ミニ四駆が大ブームとなった。今改めて考えると、そのマーケティング戦略に僕も見事にはまっていた。

だからその最新情報を得られるコロコロは、僕らの間ではただの漫画雑誌ではなく、知識や情報が載っている教科書的存在でもあった。

僕が小学生から中学生の9年間、おかんは京都の祇園でクラブを経営していたので、会う時間はほとんどなかったことは前に触れたが、欲しい物(ほとんど漫画だった)と値段を紙に書いておくと、その欲しい物を買うお金を机に置いてくれていた。

おそらく、母親として息子との時間をあまり過ごせない罪悪感から、せめてもという気持ちで色々な物を買ってくれたのだろう。

1学期最後の日だったと思う。

夏休みに「ゲームボーイポケット」が発売されるという情報をコロコロでキャッチした。

『めっちゃ欲しい……』

ただ、さすがにゲーム機本体とゲームソフトとなると、漫画と比べれば圧倒的に高額な買い物となる。

『こればかりは、置き手紙じゃなくてオモニがお店に行く前に直接ねだらなあかん！』とその日は学校が終わると猛ダッシュで家に帰った。幸いにも、おかんはまだ家で仕事の準備をしている途中だった。

「母さん、欲しい物あるんやけど……」

「何や？　また漫画か？」

「ううん。ゲームやねん。ゲームボーイ……」

「珍しいな。ゲームなんか欲しいんか。高そうやな。いくらくらいするんや」

「本体が６８００円で、ソフトが３９００円やねん……」

「高いな。まあ考えとくわ」

関西人の「考えとくわ」なんて、大体ダメってことが多いのだが、そう言っておかんは仕事に出かけた。

夏休みに入って数日が経ち、ゲームボーイポケット発売日の前日の夜。

『明日発売や。やっぱ高くて買ってくれへんよな……』

発売日当日は日曜日だった。

僕はリビングで、レンタルしたジャッキー・チェンの『レッド・ブロンクス』を観ていた。

子どもは夏休みでも、大人はそんなもの関係ないわけで、特にクラブの経営者であるおかんは、世間が休日でも忙しく、昼夜も逆転しているので、朝から夕方まで寝ていた。

ところが、その日は珍しく朝から家にいなかった。

お昼過ぎにおかんが帰ってきた。

ニヤニヤしながら言う。

「はい。これ開けてみ」

『まさか……』

綺麗《きれい》にラッピングされた紙を破った。ゲームボーイポケットだった。本当に嬉《うれ》しかった。

が、ソフトがないとゲームはできない。

「母さん……カセットがないとゲームできひんねんで……」

おかんはまたニヤニヤしながら言う。

「はい！　これ！」

水戸黄門の印籠みたいにポケモンのソフトを差し出した。しかも、赤と緑の両方だ（ちなみに、初代ポケモンは赤バージョンと緑バージョンがある。カップ麺の「マルちゃん」の赤いきつねと緑のたぬきみたいなもんだ）。

「え……2つも⁉」

「どっちの色がいいか分からへんかったし、お店（クラブ）でお客さんからポケモンの話はよう聞いててん。色によって出てくるバケモノが違うんやろ？」

バケモノというワードは引っ掛かったが、とにかく最高に嬉しかった。

さらに、通信ケーブルまで買ってくれていた。ポケモンは、お互いのゲームボーイを接続して戦わせたり、交換したり、通信という手段によって特定のポケモンを進化させたりすることができるのだ。

「これで友達と一緒に遊べるんやろ？」

ゲームボーイにソフトを入れ、スイッチを入れた。あのオープニングのBGMを耳にした感動と興奮は今でも忘れない。

ポケモンのおかげで、学校生活が大きく変わった。クラスメートとポケモンの話で盛り上がり、放課後は通信ケーブルで繋《つな》いで対戦した。

通信ケーブルを持っているというのは、当時、子どもの世界ではお偉いさんで非常に重宝された。なので、色んな人とポケモン交流ができた。

ポケモンがきっかけで、同級生、同学年、上級生や下級生と楽しい時間を過ごすことができた。

どうやら人は、共通点があるだけで近い存在になれるらしい。

そして、コロコロは僕のその後の人生を大きく変えることとなる。

ハイパーヨーヨーに夢中

僕がジャグラーとしての礎を築くことになる「ハイパーヨーヨー」を初めて目にしたのもコロコロだ。読者プレゼントのコーナーで見かけて、何となく応募してみたところ、「ハイパーインペリアル」という機種が当たったのだ。

実は特に欲しかったわけではなかったのだが、誌面にヨーヨーの技が2、3種類掲載されていたので、過去の号を取り出して簡単な技から練習してみることにした。

そう簡単にできるはずもなく、それが悔しくて、さして欲しくなかったのに技ができるまでとことん練習した。すると、簡単な技ではあるが、その日のうちに4つの技ができた。

それが嬉しくて、新刊が出る度に掲載されている技を練習することにした。

当時は、家に帰ったらまずジャッキー・チェンの映画を観て、『キン肉マン』や『ドラゴンボール』などの漫画を読み、まだ捕まえていないポケモン（当時は新しく青が出ていた）を探しつつ、寝る前は落語や漫談（当時は落語家や漫談家になりたいと思っていた）を聴きながらヨーヨーを練習するというのが日課だった。なかなか渋い小学生だったと思う。

日課の中でヨーヨーの優先順位は低いほうだったが、グンと1番になる出来事が起こる。ヨーヨーに大イノベーションが起こったのだ。これまたコロコロで「ハイパーブレイン」という機種のヨーヨーが新たに発売されることを知る。

僕が持っていたインペリアルは定価680円。それに対して、ブレインは定価2200円だった。

『え！　ただのヨーヨーで⁉』

あまりの値段差に驚き、インペリアルと何がどう違うのか一生懸命に記事を読んだ。

インペリアルの固定軸に対し、ブレインは軸にナイロン製のベアリングが搭載されている。これによってヨーヨーの空転時間が飛躍的に延びた。さらに、ボディ内部に遠心クラッチというギミックが搭載されており、投げたヨーヨーの回転が弱くなると、自動的に手元に戻ってくるという革命的な機種だった。

性能はもちろんだが、何よりもデザインがカッコよかった。

『めっちゃ欲しい……』

おかんがたまたま家を出る前だったのでおねだりをする。

「母さん、ヨーヨー欲しい」

「ヨーヨーってあのヨーヨー？」

「うん。今持ってるヨーヨーより回転時間が長くて、もっと色んな技にチャレンジできんねん」

おねだりというのは、子どもの世界では親へのプレゼンテーションなのだ。だから、欲しい理由が「みんな持っているから」とか「デザインがカッコいいから」とか、ただ自分の欲求を満たすようなことを示唆するよりも、買うことによってどんなメリットが得られるのかということを訴えるほうがいい。

「そうなんか。で、いくらなんや？　1000円くらいか？」

「2200円」

目を丸くした。

「は!?　ヨーヨーが2200円!?　ちゃんと値段見たんか!?」

コロコロを見せた。

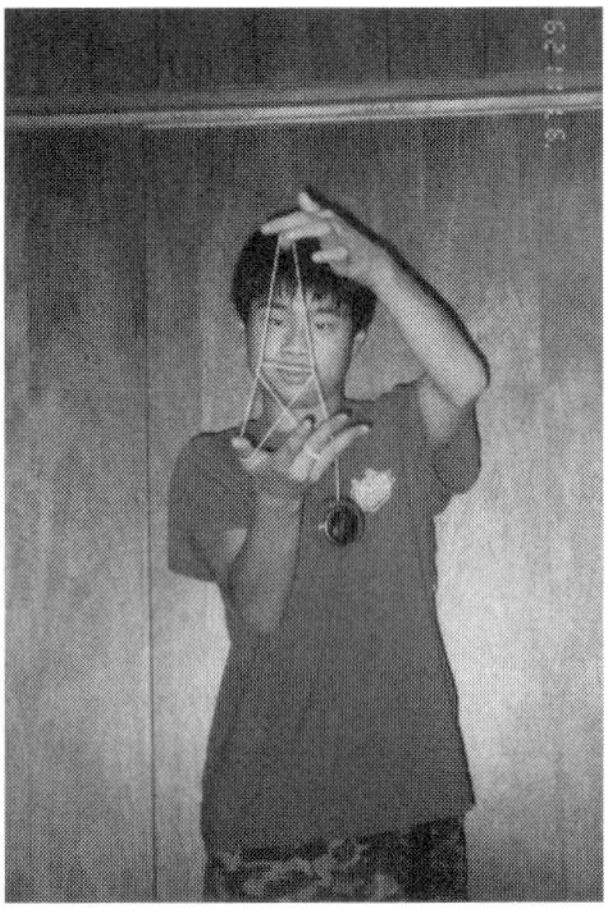

ヨーヨーの技「東京タワー」を行う著者(97年)

「これ、ひと桁間違ってるんちゃうか!? だってヨーヨーやで!? へー、現代おもちゃって高いんやなー」

そんなこんながありながら、「ハイパーブレイン」を買ってもらった。そしてブレインの発売直後、空前のハイパーヨーヨーブームが到来する。

全国の小中高生の間でハイパーヨーヨーは爆発的に流行し、あちこちの公園や広場でみんな技を練習していた。

学校に持ってくる生徒もいて、朝礼で校長先生が「学校にヨーヨーを持ってきてはいけません」と注意をするほどだった。

僕は早めにヨーヨーに出会っていたおかげで周りよりも上手かったが、ライバルが一気に増えたので、後から始めた人に負けたくない一心で毎日練習に励んだ。気づけば、日課の優先順位の1位がヨーヨーの練習になっていた。

その後も、「ファイヤーボール」「ステルスファイヤー」と新型モデルが出る度に買ってもらい、最終的には、「最上級の機種が出たから、両手でやるためにハイパーレイダー2

個欲しい」と言って、1個5000円の「ハイパーレイダー」を2つ買ってもらった。

当時はブームの真っ只中《ただ》だったので、あちこちでハイパーヨーヨーの大会やイベントが頻繁に行われ、僕も積極的に参加していた。京都では、出場した全ての大会で優勝するほどの腕前になっており、おかげで学校ではヒーローになっていった。

この頃から、かつて僕を無視していたクラスメートも「岡本君、この技のコツ教えて」などと言ってては、友達として接するようになってきた。

小学校卒業後に母校から連絡があり、入学式でヨーヨーの演技をしてほしいと依頼され、新入生の前で披露した。

みんなに楽しんでもらえて凄く気持ちが高揚した。この高揚した気持ちが、パフォーマーへの道に繋がることをこの時の僕はまだ知らない。

初めてのステージ

中学生になっても、ハイパーヨーヨー熱は一向に冷めず、むしろ加熱していた。

部活に入っていない俗にいう帰宅部だったので、学校が終わると急いで家に帰り、ひたすらヨーヨーを練習していた。

夏休みに入ると、全国を巡回するバンダイ主催のハイパーヨーヨーのツアーイベント「チャンプキャラバン」なるものが始まった。

僕は関西圏内で行われたいくつかの「チャンプキャラバン」に参加した。そこではヨーヨー友達がたくさんできた。

ブームが少し落ち着き始めた夏休み明けには「あいつまだヨーヨーやってんのか」という感じで、クラスメートとかなりの温度差ができてしまった。そんな経験をした当時のスピナー（ヨーヨーをする人）は少なくはないはずだ。

そういった中、中学1年生で初めて文化祭というものを体験した。そこでは「メイキング・オブ・ステージ」なる企画が催されることになった。生徒が有志で舞台に立ってパフォーマンスをするというもので、僕は出演することにした。

文化祭当日。初の試みということもあってか、参加したのは僕を含めてたったの5組。しかも僕以外は全員3年生で、全組の出し物はバンドを中心とした音楽だった。

出演者の中で唯一の1年生である僕の緊張はマックスに達していた。

しかもなぜか僕は「メイキング・オブ・ステージ」の大トリだった。めちゃくちゃプレッシャーを感じたが、盛り上げる自信はあった。

世の中はまだまだヨーヨーブームであるのと、学校のほぼ全ての生徒がハイパーヨーヨーを何かしら1度は見たり触ったりしており、技の難しさくらいは何となく知っているからだ。

本番を迎え、音楽が流れた。

ヨーヨーの初歩的な技から、最高難易度と定められている技まで、ありとあらゆる技を繰り出す。

思っていた以上の盛り上がりで、しかも1度もミスすることなく演技を終えることができた。全力は出せた。悔いは全くない。

本番終了後、同級生はもちろん、上級生もたくさん声をかけてくれた。3年生の中には、あの堤もいた。

堤は僕のほうへ来るなり、「なかなかやるやん」とひと言言って去っていった。怖かったが、何だか過去のトラウマから解放された気がした。

後から知ったのだが、堤は僕のおかんに「ルールのある世界で勝負せえ!」と言われたことをきっかけに、K－1が人気だったからか、中学入学後に極真空手を習い始めたらしい。

そんなこんなで、僕はこの「メイキング・オブ・ステージ」成功を糧に、引き続きヨーヨーの練習に日々励むのであった。

ジャグリングとの出会い

春休みのある日の昼前。ヨーヨーの練習を終えて家に帰った。玄関のドアを開けようとすると、ちょうどおかんが家から出てきた。出かけるようだ。

「なんや帰ってきたんか。今から仕事で兵庫《ひょうご》に行くんやけど、あんたも一緒に行くか？ついでにご飯食べたらいいやん」

これまでも同じように誘われたことは何度かあったが、親の仕事について行っても結局、手持ち無沙汰で暇になるのが嫌でいつも断ってきた。が、この日はふと『ん〜たまには行ってみてもいいかな』と思い、ついて行くことにした。

兵庫県の西宮《にしのみや》という街に着いた。おかんは仕事の話をするために、待ち合わせ場所の喫茶店に入った。

「お腹空いてるやろ。なんか頼み」

頼んだホットケーキとクリームソーダを食べ終え、案の定暇になった。おかんは仕事の話をしている。

「いつ終わんの？」

「もうちょっとで帰るしな」

こんなやりとりを数回繰り返した。

「もうちょっと時間かかるから散歩でもしてき」

ということで、西宮の街を散歩することにした。しばらく歩いていると、おもちゃ屋さんのようなお店を発見した。ただよく見るとどうやら普通のお店ではなさそうだ。

『あ！　ピエロが投げてる棒や！』

その店は、ジャグリングショップだった。当時は「ジャグリング」という言葉すら知らなかった。

その棒は「クラブ」（棍棒《こんぼう》）というジャグリング道具の一種で、見た目はボウリングのピンのような形をしている。『映画ドラえもん のび太とブリキの迷宮』で、ピエロが荷物でジャグリングをするシーンがあったので、何となくピエロというイメージがあった。

面白そうなのでお店に入った。

店内には、ボールやクラブなどのジャグリング道具がたくさん並んでいた。道具とは別に、店内ではジャグリングの映像が流れていた。それはジャグリングの世界チャンピオン

「アンソニー・ガット」の映像だった。

アンソニー・ガットは、ボールを7個、リングを7枚、クラブを7本ジャグリングしていた。中でも印象に残った技は、5本のクラブを背面で投げ続ける「バッククロス」という大技だ。

衝撃と感動。彼の演技を観てぶっ飛んだ。

『カッコいい。自分も将来、舞台に立って人前で演技する人になりたいな』

そう思った瞬間だった。

「ジャグリングはやったことあるの？」

経営者であるアメリカ人のデイブさんに声をかけられた。

未経験だということを伝えると「じゃボールジャグリングを教えてあげるよ」と言われ、ボールジャグリングの基本技である3個のボールを使ったカスケードを教えてもらった。

想像していたよりも難しかったが、デイブさんのアドバイス通りに10分ほど練習すると、何とかカスケードが5キャッチほどできた。さらに10分ほど練習を続けると、10キャッチから20キャッチはできるようになった。

初めてカスケードができた感動と同時に、曽《ひい》ばあちゃんの「いつかジブンがガンバれるもんにデアったら、それをイッショウケンメイガンバってイチバンになりなさい」という言葉が蘇《よみがえ》った。

『このジャグリングの世界でなら頑張れる気がする！』

直感だった。急いで喫茶店に戻った。

「母さん！　ジャグリングやりたい！」

「なんやそれ？」

またおねだりという名のプレゼンだ。

「そんなにやりたいなら買ってあげるわ」

ジャグリングに対する熱意が伝わったのか、あっさり快諾してくれた。

プレゼンは成功だ。もしかしたら、僕を退屈させてしまっていたという申し訳ない気持ちがあったのかもしれない。ともあれ、貰《もら》った1万円を握り締め、急いであのお店に戻った。教えてもらったボールではなく、気になっていた「ディアボロ」を購入した。

ディアボロとは、本体はお椀《わん》の底同士をくっつけたような形で、2本のスティックの先端に結ばれた紐《ひも》の上でそれを回転させることで安定させ、技を繰り出すジャグリング道具の一種である。日本では「中国ゴマ《ちゅうごくごま》」という名前でも知られている。

僕はこれに見事にはまってしまい、休日に1日10時間、平日でも7、8時間は練習した。

ジャグリングに出会うまで、いじめられていた反動で暗い性格だったのだが、ジャグリングを始めてからは少しずつ本来の明るい性格に戻っていった。

理由は自分なりに分かっている。ジャグリングを始めた当初は『1番になりたい』『かっこをつけたい』そんな動機だった節があるが、ジャグリングをやり始めて少し経つと、それ以上に本質的なことに気づいたからだ。

単純ではあるが、反復練習をすると、できなかったことが、やがてできるようになっていくのだ。

ジャグリングに限らず、スポーツ等をやっている方なら特に共感できるかもしれないが、一生懸命に練習して技術を習得することによって、未完だった技ができるようになる喜びはもちろん、何より自分自身が成長していることが実感できて楽しかったのだ。

2度目の成功は初めてのそれと比べると感動は劣るかもしれない。しかし、ジャグリングの場合は、ボールの数を増やしたり、投げ続ける回数や時間を更新したり、常に新しい技に挑戦し、成功する度にその喜びと感動を繰り返し手に入れることができるのだ。

それは、僕が初めて自分が本気で頑張れることに出会った瞬間だった。そんな練習の日々が続く中で、ある日、運命的な出会いをする。

中学校に入学して以来、週末は「バンバン」というおもちゃ屋にほぼ毎週通っていた。

バンバンの影山店長（仮名）は、40半ばのチビ・デブ・ハゲの三拍子揃《そろ》った男で、子どもとおもちゃをこよなく愛している。

チビでデブでハゲであることを「天は三物のチャームポイントをオレに与えた」とポジティブに語る店長は、ミニ四駆の大きいコースを店の入り口横のスペースに無償で開放したり、ハイパーヨーヨーの練習会をボランティアで開催したり、とにかく子どもが喜ぶ姿が大好きな心優しい性格のおっちゃんだった。

ある週末、バンバンのヨーヨーの練習会にディアボロも持って行った。

駐車場でディアボロを練習していると、店長が近づいてきて僕に言う。

「岡もっちゃん。それディアボロやんか」

僕は店長がディアボロを知っていることに驚いた。店長は僕の技を見て言う。

「しかし凄く上手いね。岡もっちゃんはヨーヨーも上手いから、もしかしたら将来は世界で活躍するエンターテイナーになるかもしれへんね」

店長が褒めてくれるので照れくさかったけど、凄く嬉しかった。すると、店長は思い出したかのように「あ！　そうや！　ちょっと待ってて！」そう言って店内に入った。

何かを必死に探している様子だったが、どうやら見つからなかったらしく、しばらくして店長は車に乗ってどこかへ行ってしまった。

夕方頃、練習会が終わって帰ろうと思ったタイミングで、店長がお店に戻ってきた。

「遅くなってごめんな。この前アメリカ人の友達に教えてもらったんやけど。これ岡もっちゃんなら興味あるんちゃうかな?」

店長は英語で書かれたくしゃくしゃの紙を僕に手渡した。その紙は、翌年の2000年にアメリカ合衆国(以下・アメリカ)のカリフォルニア州はサンフランシスコで行われるパフォーマンスコンテストのチラシだった。

「えー! アメリカですやん! こんなん無理ですよ!」

「まあ一応興味があるかなと思って」

店長は僕のために、自宅のゴミ袋を漁ってまで探し出してくれたのだ(捨ててたんかい)。

『興味はあるけど……アメリカか……』

その夜、くしゃくしゃの紙をずっと眺めていた。

アンソニー・ガットの映像を観て以来、いつかアメリカの舞台でパフォーマンスができたらいいなとずっと思っていた。もしかしたら、これはアメリカの舞台に立ついい機会なのかもしれない。

『明日、ダメ元でオモニにお願いしてみよう。でも、さすがに海外は無理かな……』

国籍を選ぶということ

学校から帰宅した。おかんはまだ家にいる。

『チャンスや』

おかんは台所で洗い物をしていた。

「おかん？」

「なんや。またなんか欲しいんか？」

ここまでくると、僕が何かをねだることはお見通しのようだ。

「ううん。買ってほしいとかじゃないんやけど、お願いがあんねん……」

「なんや、何かしてほしいんか？」

「アメリカ行きたいねん。アメリカ行かしてほしい……」

「アメリカって、外国のアメリカか？」

「うん……そのアメリカ……」

少し考え、おかんは言う。

「まあええよ」

予想外の返事で耳を疑った。すると、おかんは蛇口を閉め、深呼吸をし、僕と目を合わせた。

おかんの眼差しは、いつもより力強い。

「あんた。最近それ（ディアボロ）よう頑張ってんな。将来その道に進みたいんか？」

真剣な問いに対して、真剣に答える。

「うん！　プロのパフォーマーになりたいねん！」

おかんの表情は、徐々に真剣さを増す。

「あんたの夢って、この日本の中だけではどうしても叶《かな》えることができひん夢なんか？」

僕は本心のままにおかんに伝えた。

「いや、おかん。日本のジャグリングは世界に比べたら石器時代や。本物のジャグリングをこの目で見て、本物のジャグリングを日本で広めたいねん！」

刹那を挟み、おかんは口を開いた。

「お前の真剣さは伝わった。大事な話があるからそこに座りなさい」

こうしてテーブルを挟んで座ること自体が何年ぶりだろうか。目を合わせると、おかんの目には涙が溜《た》まっていた。

『え、オモニどうしたんやろ……』

なかなか切り出せないのか、少し沈黙の時間が流れた。おかんは深呼吸をして僕に言う。

「私たち、何人《なにじん》?」

『変なことを聞くんやな』と思いつつ、「朝鮮人」と答えた。

すると、次は強い口調で言う。

「そんなこと分かってる! 私たちは、北朝鮮の人間なのか、韓国の人間なのかどっちや?」

いじめられていた理由が朝鮮人だったので、小学校高学年の時には図書館に通って、自分なりに歴史を勉強していた。なのでおかんの言っている意味はすぐに理解できたが、僕自身はそんなことを考えたことがなかった。

『そう言えば、北と南、どっちの人間かなんて考えたことなかったな。でも、ハラボジとハンメは朝鮮半島が南北に分断される前に日本に来てるからな……』

単純に思ったことをそのまま言う。

「んー、どっちでもないかなあ」

次の瞬間、おかんの目から涙が流れた。涙を拭うことなくおかんは言う。

「あんた、その歳でよう分かってるんやな。私ら在日はな、祖国が南北に分かれたことで国籍失ったんやで」

世間ではあまり知られていないが、在日コリアンは、自らが国籍を取得しにいかない限りは無国籍状態である。

在日コリアンは、朝鮮半島が大日本帝国の統治下にあった時代に、朝鮮から日本に渡ってきた朝鮮人とその子孫だ。

統治時代は「日本人」とされるが、1952年にサンフランシスコ講和条約が発効されると、日本国籍を奪われ、一律に朝鮮籍とされた。

「朝鮮」は、朝鮮半島が南北に分断される以前の地域の名称であり、南北分断以後、朝鮮半島の北側は朝鮮民主主義人民共和国、南側は大韓民国《だいかんみんこく》が国家樹立をする。当時、日本にいた朝鮮人は事実上無国籍状態になる。

本来の意味とは違ってくるが、無国籍の地位に加え、保護してくれる母国を持たない、つまり難民に近い状態になるのだ。

おかんは本題に入る。

「あんたの夢を叶えるためにはな、パスポートが必要なんや。今ここで国籍を選びなさい」

『国籍を選ぶ……?』

あまりにもスケールがでかい話で、頭の中は混乱していた。

「あんたの夢、アメリカにあるんやろ？　アメリカは資本主義国家。日本も資本主義国家。祖国は南の韓国が資本主義国家なんや。できれば韓国を選びなさい」

おかんはアドバイスとして言ったのだろう。

僕は何も考えず、軽いノリで言う。

「じゃ韓国でええわ。これでアメリカ行けるんやろ？　簡単な話やん」

おかんはさらに続ける。

「この話、あんたのハラボジやハンメにも相談せなあかん」

おかんは仕事があるはずなのに、そのままの流れで車に乗り、一緒にウトロへ向かう。

当時、反抗期だったのか、自分でもよく分からないが『面倒臭いな。国籍なんか早く取ってアメリカ行く手続きしようや』と車に揺られながら、心の中では凄くイライラしていた。

ウトロに着いた。

そう言えば、中学生になってからおじいちゃんとおばあちゃんに会うのは久しぶりだったことに気づく。

居間ではおじいちゃんがテレビを観ていた。おばあちゃんは外出中だったので、帰りを待つことにした。

おかんは部屋の真ん中で背筋を伸ばし、正座の状態で静かにおばあちゃんの帰りを待っている。

僕は壁にもたれ、行儀悪く座っていた。

テレビから流れる野球の試合の音声のみが部屋に広がっていた。

空気を重く感じたのか、おじいちゃんは僕に言う。

「おいチャンヘン。これ食いながら一緒に野球観いひんか？　今ええとこやぞ」

お皿に盛られた林檎《りんご》を見せながらそう言うが、僕は不貞腐れた表情で言葉を発することなく首を横に振った。

「そうか。まあ気が変わったらいつでも言え」

再び野球の試合の音声のみが部屋に広がる。

すると、おばあちゃんが帰ってきた。

「なんや来てたんか。来るんやったら前もって言うてくれたらいいのに。チャンヘン久しぶりやな。しばらく見いひんうちに大きなって。何か食べるか？」

久しぶりに会ったことが嬉しいようで、おばあちゃんは顔から口がはみ出るくらい微笑んでいた。

次の瞬間。おかんはおばあちゃんのほうに向き、大きく深呼吸をして言った。

「一生のお願いです！　韓国の国籍取らせて下さい！」

おかんは号泣しながらおばあちゃんに土下座した。

僕はその様子を見て、

『は？　国籍取るだけで大袈裟《おおげさ》やな。なんでそんなことで泣いたり土下座したりするんや』

すると、おばあちゃんは黙って台所のほうへ行った。おかんは土下座の姿勢を崩さない。おじいちゃんは野球の試合を観ている。

しばらくすると、おばあちゃんが戻ってきた。右手にはマッコリが入った小ぶりの薬缶を持っている。蓋を取り、入れ口からマッコリを飲み始めた。ひと息つき、土下座の姿勢を崩さないおかんの目の前に立った。

突然おばあちゃんの目が変わった。

「ヤーーーー！！！！」

怒号と同時に、持っていた薬缶をおかんに向かって力いっぱいに投げつけた。薬缶はおかんの左肩辺りに命中し、残っていたマッコリはあちこちに飛び散った。それでもおかんは土下座の姿勢を崩さない。

おじいちゃんはまだ野球の試合を観ている。

おばあちゃんは今までに見たこともない怒り方で、おかんに言葉をぶつける。

「お前！　今自分の言ってる言葉の意味を分かってこのわしに言うてんのか！！！」

そう言っておかんをボコボコに殴り、そして蹴った。

あまりにも驚いた僕は全く動くことができず、思わず目を瞑《つぶ》ってずっと違う方向を向いていた。

『国籍を取るだけで、なんでこんなに怒るんや……』

おかんはボコボコに殴り蹴られ、流血しながらも「一生のお願いです！　韓国国籍取らせて下さい！　息子の夢のためなんです！」と繰り返す。

しばらくして、おばあちゃんは少し落ち着いた。おかんはぐったりしている。

おばあちゃんは、肩で大きく呼吸をしながら、ゆっくりと僕のほうに向かって歩いてきた。

『怖い……何言われるんやろ……』

僕は殴り蹴られることも覚悟した。

すると、おばあちゃんは目の前に座った。

「こっち見ろ」

恐る恐る顔を上げ、おばあちゃんと目を合わせた。おばあちゃんの目には、今にもこぼれ落ちそうなくらいの涙が溜まっている。

『ハンメ……涙が流れへんように必死に我慢してる……』

おばあちゃんは言う。ありったけの怒りを込めて。

「お前！！！　南の国籍取るとか抜かしてんのか！！！」

目の前でライオンに大声で吠《ほ》えられているような迫力だ。この迫力は運動会の時以上だ。

ほんの一瞬、僕はこう考えた。

『分かった。ハンメは北朝鮮を支持してるんや。だから韓国の国籍を取ることが気に入らんのや』

僕の脳内にあるのは所詮、勉強の知識である。

おばあちゃんは、当事者ならではの声をぶつける。

「お前！　南北分断を認めるんか！」

このひと言で、おばあちゃんが何を伝えたいのかが分かった。続けて声をぶつける。

「南北分断。離散家族。朝鮮戦争。お前、50年前、アメリカとソ連がわしらの国にやったこと知ってんのか？　お前が国籍取るということはな、わしらの国は戦争で分かれたことを認めることになるんやぞ！　お前は、戦争という手段を使って一部の人間だけが幸せになること認めんのか！」

おばあちゃんは、涙を流さなかった。

日本は戦後かもしれないが、朝鮮民族はまだ戦争を抱えているんだ。

僕は平和ボケした恥ずかしい人間だ。

『国籍なんか』と思って本当に申し訳ない。おじいちゃんとおばあちゃんの尊厳を、僕はいとも簡単に踏みにじっていたことに気がついた。

『アメリカは諦めよう。日本でもパフォーマーにはなれる』

そう諦めかけたその時だった。

テレビを観ていたおじいちゃんが急に立ち上がり、ゆっくりと歩いてきた。

おじいちゃんは「朝鮮人とは……」などの民族的なアイデンティティや思想をほとんど語らない人だ。そんな彼が語る。

「俺たちの国はな、50年前に分断して、戦争が始まって、家族もバラバラになった」

おじいちゃんの兄弟は、北に兄、南に弟がいる状態で朝鮮半島は分けられてしまった。

「俺の夢は今も昔も一緒や。いつか祖国が1つになった時、バラバラになった兄弟とまた一緒に暮らすことや。でも、俺の夢は叶わんかもしれん。でもこいつの夢は国籍取るだけでチャレンジできるんや」

おじいちゃんは僕に言う。

「お前、近いうちに国籍取る申請しなさい。国籍変わってもな、人間の中身までは変わらへんねん。国籍取って、色んな国行って、色んな人に出会って、たまに土産話でも聞かせてくれ。お前、話終わり」

おじいちゃんはおばあちゃんに、

「お前も辛いやろうけど、今日は孫が自分の夢のために初めてわがまま言った日なんや。今からお祝いするから、美味い飯作ってこい！！！」と怒鳴った。

おじいちゃんは、再びテレビの前に座った。

おばあちゃんは、おじいちゃんの迫力ある「美味い飯作ってこい！！！」の言葉にグラつきながら黙って台所に行った。おかんは一礼をして仕事に向かった。

おばあちゃんが料理を作ってる間、僕はおじいちゃんと林檎を食べながらテレビを観る。数分後、おばあちゃんが気になってそっと台所を覗《のぞ》いた。おばあちゃんは、声を殺すも、大泣きしながら料理をしていた。

彼女が、今、どんな気持ちで料理をしているのかは僕には分からない。しかし、自分の夢を尊重してくれたので、その気持ちはありがたく受け取らなくてはならないと思った。

当時、僕は14歳。

祖父母が、14歳の時にできなかったことを、僕はしなければならない。

おかん、職員室で啖呵切る

韓国国籍を取得した。書類上ではあるが、僕は韓国人になった。国籍以外に変わったところは特になく、相変わらず練習の日々を送っていた。

中学3年生といえば、進路を考えなければならない時期でもある。3年生になって1カ月ほど経ったある日、担任の先生が言った。

「みんな、進路のことは今のうちに家の人とも相談して下さいね」

『進路かー……』

進学を目指す人、進学せずに働く人、一般的にはどちらかの選択肢で考えるのだろうが、僕はアメリカでのパフォーマンスコンテストのことで頭がいっぱいだった。

先生からの話を受け、クラスではみんながお互いの進路について話す雰囲気になったので、さすがに僕も考えた。

進学は選択肢にはなく、かと言って就職というのも何か違う気がする。結局『プロのパフォーマーになる』というざっくりとした目標しか浮かばず、それさえも具体的にはイメージが湧かなかった。

例えばお笑いをやりたいのなら、お笑いを学ぶために吉本興業や松竹芸能の芸人養成学校への進学というコースが浮かぶだろうが、プロのパフォーマーになるには、何をどうすればいいのかさっぱり分からなかった。

『とりあえずアメリカの大会を頑張ろう』

とは思うものの、アメリカの大会に出て、仮に結果を出せたとして、その後はどうすればいいのか？

クラスメートが進路について真剣に悩み考えている姿を見れば見るほど、自分も焦りだした。

そんなある日、アメリカに行く手続きの過程で、ちょっとしたトラブルが起こる。アメリカへは僕1人で行くのだが、チケットの手配をしてくれる代理店からの連絡が入り、渡航同意書なるものが必要とのことだった。どういう理由なのかは分からないが、おそらく未成年だからだろう。親の同意書と学校の同意書の2枚が必要だった。

おかんはすぐにサインをして僕に言った。

「明日こっちの紙を学校に持って行って、担任の先生にサイン貰って来るんやで」

そう言ってもう1枚を手渡してきた。

次の日の放課後。担任の先生が見当たらないので、職員室に行って副担任であるピチッとした七三分けの中島先生（仮名）に書類を渡してサインを頼むと、中島先生はあっさりと拒否した。そして言った。

「お前なあ、クラスのみんなを見てみろ。今は進路のことを真剣に考えなあかんやろ。これアメリカ行く日が期末テストとまるまる被っとるやんけ。遊びのために人生棒に振っていいと思ってんのか？　もっと真剣に考えろ。分かったら帰って勉強しろ」

中島先生は、持っていたバインダーで僕の頭をポンと叩《たた》いた。

帰宅すると、おかんはすでに仕事に行っていたので、電話で同意書にサインを貰えなかったことを伝えた。

すると、おかんは激怒した。

「何⁉　今すぐ学校行くから、あんたも学校行け！」

学校の門の前で待っていると、おかんが到着した。和髪が綺麗にセットされ、訪問着の着物姿もあでやかだが、車から降りるなり、眉間にシワを寄せながら、僕をうながして一目散に職員室へ向かった。

おかんは職員室に入るなり怒鳴った。

「おらー！　中島出てこい！！！」

職員室中の先生が驚いておかんに注目する。しばらくして、中島先生が現れた。

着飾った着物でおかんは吠えた。

「なんでサインせえへんねん。しかもこの子のやってることが遊び言うたらしいな？」

すると、中島先生も喧嘩《けんか》腰でおかんに言う。

「はい。こんな大事な時期におもちゃで遊ぶために海外に行くなんて副担任として許可できませんね。私は教師としての責任がありますので」

おかんは少し声を落として言った。

「そうか。お前にはこの子のやってることはおもちゃで遊んでるように見えるんやな」

中島先生は、おかんに説教めいた言葉を返す。

「あなたも母親らしく、お子さんのためにビシッと厳しく言ってあげたらどうですか」

おかんは僕の目を見ながら言う。

「この副担任の言う通りやわ。だから今、あんたのためにビシッと言うたるわ」

中島先生の言う通り、おかんは僕に、アメリカに行くことを諦めるよう告げるのかと思ったが、おかんは中島先生に向かって啖呵《たんか》を切った。

「おい。今から言うこと真剣に聞けよ。お前さっき教師としての責任があるって言うたな？　わしにはこの子の母親としての責任とプライドがあるんや。お前がどうしてもサインせえへんのやったら、この子の養育費とお前の家族全員の生活費を一生保証したるから、この子の面倒を一生見てくれるか？　母親以上の責任がないんやったら今すぐサインしろ！」

　中島先生は黙ったまま動かない。

　痺《しび》れを切らしたおかんは
「さっさとサインせんかい中島！！！」

　七三分けは同意書にサインをした。

　それを見届けると、職員室を出る前におかんは中島先生に丁寧に詫《わ》びた。

「息子のためにお騒がせして申し訳ないです。息子のやってることが遊びに見えてるのでしたら、それはまだ息子の真剣さが足りないからかもしれません。それは母親である私の責任でもありますので、この子にはもっと努力するよう言い聞かせます」

　前を歩くおかんの西陣織の帯が揺れている。

　将来、必ずプロのパフォーマーになる。

　そう決めた。

3・世界的プロパフォーマーへ

入国でひと騒動

アメリカ出発まであと3週間と迫った頃、僕は新たな問題に直面していた。というか大ピンチだ。

韓国国籍を取得したのはいいが、様々な手続きの関係で肝心の韓国パスポートの申請が大幅に遅れてしまい、それの受領が出発日に間に合わないことが分かったのだ。当然ながら、旅行者の身分を保証するパスポートがなければ、飛行機に乗れない。出発日の延期も考えたが、大会の日に間に合わなくなる。おじいちゃんとおばあちゃんを説得し、おかんには何度も助けてもらい、もちろん練習も一生懸命続けてきた。ここまで来てアメリカ行きを諦めるか？　僕は途方に暮れた。

何とかならないか。必死に調べてみたら、海外に行く方法が1つだけあった。

臨時パスポートの存在だ。

日本生まれの日本人であれば、あまり馴染《なじ》みのないものかもしれないが、無国籍状態である朝鮮籍でも、臨時パスポートを取得し、渡航先の国が受け入れてくれさえすれば、正式なパスポートがなくても出入国できる場合があるという。

実際、この方法で韓国に先祖のお墓参りに行ったり、新婚旅行でドイツやシンガポールに行った人はおかんの周りに数人いた。でも、この方法でアメリカに渡航した例は聞いたことがなかった。それでもこの可能性にかけるしかない。

おかんの凄まじい努力の甲斐《かい》あって、僕は何とか臨時パスポートを手に入れることができた。またおかんに助けてもらった。

しかし、これで安心はできない。まだ出入国審査の問題がある。

臨時パスポートでアメリカ行きの飛行機に乗れたとしても、現地の入国審査で入国許可が下りるとは限らないのだ。実際、到着後、「あなたは入国できない」とジャッジされて、すぐに帰国便に乗せられて追い返された例も聞いていた。

出発当日。関西国際空港へ到着。

何も分からないので、とりあえず航空会社のカウンターで臨時パスポートと再入国許可書、そして外国人登録証明書（当時）を差し出す。

ちなみに、再入国許可書とは、日本に住む、あるいは在留する外国人が海外へ出国し、再び帰国する際に入国をスムーズに行うための日本政府から与えられた特別な許可である。

意外にも手続きが簡単に済んだ。そのまま荷物検査と出国審査に進み、これも簡単にクリアして飛行機に乗った。

『意外と簡単に行けるかもしれへん』

そう思って完全に油断していた。

サンフランシスコ国際空港に到着し、入国審査に進んだ。

当時、中学3年生の僕は挨拶程度の英語しかできず、何か聞かれても全く分からないので、とりあえず入国審査で臨時パスポートと再入国許可書と外国人登録証明書、さらに機内で渡された出入国カードと税関申告書の5点を全て出した。

審査官は、体が大きい筋肉質の黒人だ。

『僕はついにアメリカに来たんや』と感慨を噛《か》み締めていると、審査官が臨時パスポートと再入国許可書を指差して何か言っている。

何を言っているのか全く分からず、とりあえず「YES」を連発した。あとから振り返ればこの「YES」がよくなかったのだ。

審査官が近くのスタッフを呼んだ。僕はスタッフに連れられ、刑事ドラマに出てくるような個室に入れられた。

『めっちゃ怖い』

しばらくして、金髪&短髪の白人男性ジェイコブ（仮名）が来て英語で話しかけられた。

僕はひたすら「イングリッシュ。アイドンノー」を繰り返す。本当に酷い英語力である。

さらにしばらくすると、次は金髪&長髪の白人女性エミリー(仮名)が来た。驚くことに、エミリーは韓国語と日本語を話せるのだ。

聞くところによると、韓国(ソウル)に4年間、そして日本(大阪《おおさか》)に2年間留学していたらしい。僕としては英語よりは韓国語、韓国語よりは日本語のほうが安心である。在日コリアンも3世だと韓国語はネイティブではない。エミリーに関西弁で普通にツッコまれる。

「あなたの話してる韓国語なんか変やな」

「だって日本で生まれ育ってるもん」

「え、なんで日本で生まれてんのに日本人ちゃうの?」

「両親がコリアンやねん」

「そうなんや。日本では両親が外国人やったら子どももその国籍になるんや?」

「まあそんな感じ。とりあえず日本語のほうがええわ」

エミリーはジェイコブに説明(多分)している。

とりあえず、今は臨時パスポートと再入国許可書を確認しているらしい。実は再入国許可書は日本に帰国した際に出す物なので、これが余計に混乱を招いたのかもしれない。

そして、もう1つ致命的なミスをしていることに気づく。出入国カードの件だ。

韓国の臨時パスポートを出していたので、機内では英語版の出入国カードを渡された。出入国カードに日本語版が存在するなんて全く知らず、頑張って英語版を記入していたが、後半にいくつかの質問事項がある。

英語なので質問の内容が分からなかったが、ＹＥＳ・ＮＯの選択肢があり『こういう場合はとりあえず全部ＹＥＳやろ』と思い、僕は全ての質問事項のＹＥＳにチェックを入れた。

これ、後から質問事項の内容を知った。

あなたは、伝染病を患っていますか？　ＹＥＳ

あなたは、麻薬中毒者ですか？　ＹＥＳ

あなたは、実刑判決を伴う犯罪で逮捕されたことがありますか？　ＹＥＳ

あなたは、犯罪・不道徳的な活動のために入国しようとしていますか？　ＹＥＳ

あなたは、ナチス・ドイツに関与しましたか？　ＹＥＳ

間違えて記入したことは分かってくれているようで、ジェイコブもエミリーも大爆笑していた。僕がアメリカで初めて笑いをとった瞬間だった。

すると、細マッチョの黒人男性ボブ（仮名）が入ってきて、エミリーに長々と何かを伝えている。

エミリーは笑顔で「確認はOKやで！　ようこそアメリカへ！　楽しんでな！」と言ってくれ、3人のアメリカ人に拍手で送られた。

あの時聞いた入国許可のスタンプが押される音は忘れられない。

まさかの結果

アメリカの地を踏んだ。人生で初めての海外だ。とりあえずホテルにチェックインする。

大会は2日後のため、まずは下見をしようと会場へ向かう。場所も把握したので、ホテルに戻ってゆっくり過ごしつつ、部屋がかなり広かった（部屋の端から端まで側転4回できた）ので練習もした。

2日目。せっかくアメリカに来たので街を散策することにした。

CDショップを見つけたので立ち寄ってみると、欲しかったアルバムを発見した。

アーティスト名「Garden Eden」。

先に書いたが、僕は聖書に出てくる「禁断の果実」の話が好きだったのだが、アーティスト名がまさに「エデンの園」であるGarden Edenの曲が収録されているオムニバスアルバムを元々持っていた。その彼らのアルバムが売っていたのだ。

運命的なものを感じて購入した。ホテルに帰り、ポータブルCDで聴いてみた。

元々持っていた曲の違うバージョンだった。めちゃくちゃ気に入り、この曲でパフォーマンスをしたい気持ちが芽生えた。ディアボロの曲は急遽《きゅうきょ》「Garden Eden - Lemon Tree」に変更して大会に臨むことにした。

ちなみに、この曲は現在でも僕のディアボロの演目の使用曲である。

大会当日の朝。会場に向かった。

会場は、ダンス、マジック、ジャグリング、スケートボードやBMXなど、様々なジャンルの出場者で溢《あふ》れていた。

ここで初めて知ったのだが、まず予選を行い、決勝に進む8組を決めるという流れだった。予選の演技時間は2分以内で、あちこち同時進行で予選が行われる。

僕の出番がやってきた。ヨーヨーを1分、ディアボロを1分の構成で演技を行った。

ジャグリングをする選手は数組いたが、ヨーヨー&ディアボロは、見る限りでは僕しかおらず、これが実力なのか、単に珍しいからなのかは分からないが、なんと予選を通過した。

正直、人生そんなに甘くはないと思い、予選落ちして即終了というパターンを想像していたので、予選を通過した嬉《うれ》しさよりも驚きのほうが大きかった。

予選を通過しただけでもほぼ満足だったのだが、やはりここまできたからには最低でも入賞、できれば優勝したい気持ちが起こってきた。

決勝の出演順が書かれた紙を確認すると、僕は7番目だった。

順番は、受付順なのか、得点の低い順なのかは分からないが、とにかく出番が最後のほうというのは、会場の雰囲気や観客のテンションをゆっくり把握できるという意味では悪くない。

決勝が始まり、会場は盛り上がっていった。

決勝では、ブレイクダンスを踊るチームや、スケートボードやBMXで大技を繰り出す選手、鳩《はと》を出すマジシャン、ボールを7つ投げるジャグラーもいれば、林檎《りんご》を3つお手玉しながら、タイミングを見計らってその林檎を素早く食べる大道芸人もいる。それぞれが引き込まれるように魅力的で、人前でパフォーマンスをすることはこんなにも夢があるんだと、舞台袖から見ながら感じ入っていた。

そして、僕の出番がやってきた。

「フロムコリア！　チャン！　ヘン！　キム！」

日本生まれの日本育ちだが、MCは国籍でコリアと判断したんだろう。

歓声と同時に幕が上がる。幕が僕の頭の高さを通過したあたりで音楽が入る。最初はヨーヨーの演目。演技開始からダイナミックに見栄えするテキサス・カウボーイという技をした。いきなり凄い歓声だった。技を繰り出す度に歓声は大きくなる。

ヨーヨーの演技は約3分。この約3分が一瞬と感じるくらい早く終わった。

次のディアボロの演目に移ろうとしたところ、観客はヨーヨーの演目で演技終了だと勘違いしたのか、会場全体がスタンディングオベーションになった。

困ってしまったが、そうこうしているうちに曲が流れた。急いでディアボロを手に取って演技を始めた。

観客は立ち上がったままディアボロの演技を見ている。これがヨーヨーの演目以上に凄い盛り上がりで、歓声で音楽がよく聴こえないほどだった。

2回ミスがあった。ノーミスを基準とした自分の中での100点を取ることはできなかったが、悔いなくベストを尽くせた。これは100点を取ることと同じくらい大切なことかもしれない。

たとえ優勝できなくても、たとえ入賞すらできなくても、僕の心の中にはすでに観客の人たちからの称賛という金メダルが贈られていた。

決勝進出者の演技が全て終わり、結果発表。

銅メダルの時も銀メダルの時も、僕の名前はコールされなかった。そして注目の金メダルの発表。

長いドラムロールが流れ、名前がコールされる。

「ゴールドメダル！　チャン！　ヘン！　キム！」

まさかとは思ったが、確かに自分の名前がコールされた。金メダルを首にかけられる。夢じゃない。観客や決勝を共に競った選手からも祝福を受ける。

司会の方にマイクを向けられても「サンキューベリーマッチ」しか言えず、ちゃんと英語を勉強しようと思った。

この経験で大きな自信がついた。プロパフォーマーになるための明確な道がなければ、自分で道を切り拓けばいい。そう思った。

9・11の衝撃、アメリカとヨルダン

中学3年生の秋。アメリカの大会で優勝したことで、卒業後はプロのパフォーマーを目指して地道に頑張ろうと思っていた矢先、担任の原先生（仮名）がとある私立高校に僕を

推薦してくれた。

その学校は、2000年度からスポーツクラスが新設され、ちょうど2期生をスカウトして回っていたのだ。いわゆる推薦入学だ。

進学はそれまで全く考えていなかったが、そのスポーツクラスで3年間を練習に費やす価値があると判断した僕は、その京都の私立高校に進学した。

学校の名は、京都学園高校。かつては京都商業高校の名で知られ、野球では沢村栄治《さわむらえいじ》、サッカーでは元日本代表の柱谷幸一《はしらたにこういち》・哲二《てつじ》兄弟を輩出している。


高校生活が始まった。

スポーツクラスなので、自分が行っている競技を含めての自己紹介の時間があった。柔道、野球、サッカー、バスケットボールなどのメジャースポーツの中、僕はまだ知名度の低いジャグリングだ。

2001年の時点で「ジャグリング」と言ってピンとくる人は少なく、かなりの語弊があるが「ピエロ」とか「大道芸」と言えば何となくイメージしてくれる程度だった。自己紹介の時間にディアボロを少し披露した。クラスメートは称えてくれた。

自己紹介が終わると、クラスはスポーツマンとして3年間、共に頑張ろうと結束した。

スポーツクラスというのはこれまた特殊なクラスで、「全国制覇だ！」「プロスポーツ選手になるんだ！」と意気込んでいる猛者の集まりなので、共通の目標というか、目指す方向が似ているというか、とにかくスポーツに対する志はみんな持っているため、お互い影響し合い、高め合う環境ができている。雰囲気が中学時代までと全然違っていた。

そんなこんなで高校生活を送る中、今でも決して忘れることのない貴重な経験をする。中学3年生の時、アメリカの大会で優勝したことで、僕はアメリカ人のスティーブンという経営コンサルタントの方に出会っていた。

投資家でもある彼は、僕をパフォーマーとしてアメリカで売りたいと言ってきた。後にアメリカのみならず、たくさんの国々のお仕事を提供してくれるようになるのだが、まさしく彼なしには現在の世界的パフォーマーちゃんへん．は存在しなかった。

そんな人物からの記念すべき1回目に頂いたお仕事は、2001年9月上旬、アメリカ・ニューヨーク州でたくさんの経営者や投資家が集う会合でのパフォーマンスだった。

僕は1年ぶりにアメリカに向かった。ニューヨーク市で無事に仕事を終えた2日後の朝。ホテルの部屋でくつろいでいると、何やら外が騒がしいことに気づいた。

窓から覗《のぞ》いてみると、大勢の人が同じ方向に大慌てで移動していた。

『有名人でもいるんかな？』と思い、ホテルの外に出た。すると、遠くのほうの建物から大きな黒煙が上がっていた。

『巨大隕石《いんせき》でも衝突したんかな？』そんなことを考えた。

ホテルのロビーには大きなテレビがあり、みんな画面に釘付《くぎ》けになっている。

建物が炎上している様子が映っていた。その直後のことだった。同じもう1つの建物に飛行機が突っ込む光景が映像越しに目に飛び込んできた。

『これは映画の撮影か何かかな？　……いや、でも何か雰囲気が違う』

この日は、2001年9月11日。アメリカ同時多発テロ事件だった。

身の危険を感じた僕は、怖くなって部屋に戻った。テレビでは、乗っ取られた旅客機が世界貿易センタービルに衝突するシーンや、このアメリカの大惨事に悲しむ人々の映像が繰り返し放送された。

僕は不安と恐怖に怯《おび》えながら、帰国までの数日間を静かに過ごしていた。

予定より少し日数がかかりながらも、無事日本に帰国することができたが、帰国後も事件の衝撃は忘れられず、あまりの精神的ショックに僕はしばらくの間、9・11の報道は見ないことにしていた。

帰国から約1カ月が経った。僕はニューヨークの会合で知り合ったヨルダン人のアメル（仮名）からの依頼で、ヨルダンに行くことになった。

ヨルダンという国を初めて知ったが、今回の依頼は、このヨルダンのエリート階級が集うパーティでのパフォーマンスだった。

ばたばたと仕事の話は進み、国の内情もよく知らないままに、僕は指定された飛行機に乗ってヨルダンの首都アンマンに到着した。

ホテルに入って、まずはアメルと一緒にレストランで食事をすることになった。

フロアにあるテレビでは、アメリカ同時多発テロ事件の映像が流れていた。

『あれからもう1カ月が経ったんか』と事件のことを思い出していると、ショッキングな光景が目に飛び込んで来た。

レストランにいた一部のお客さんが、その映像を観ながら嬉しそうに微笑んでいる。中には拍手やガッツポーズをしている人もいる。

アメリカで「アラブ系の人種、中東《ちゅうとう》系の出身者、イスラム教徒は敵だ」という会話を耳にしていた。内心『それは偏見やろ』と思っていた。しかし、実際に目の前の光景を見て、本能的に『怖い』と感じた。

全ての人がそうではないことは分かっていながらも、不安を抱えながらヨルダンでの仕事を終え、帰国した。

当時の気持ちをそのまま表現すると、『無事に帰ってこれてほんまによかった』だ。

それは、海外から無事に帰ってこられたという意味ではない。イスラム教の国から、無事に帰ってこられたという意味での安心感だ。

『やっぱり日本は平和な国や。そして、アメリカは正義の国や』そう実感することで自分を落ち着かせた。

しかし数年後、再びヨルダンの地で、この自分の考えが大きく変換する出来事に遭遇するのであった。

韓国への揺れる想い

2002年。アジア初となる「2002FIFAワールドカップ」が開催された。通称「日韓ワールドカップ」だ。

ありがたいことに、その日韓ワールドカップを盛り上げるため、韓国のイベント会社からイベントの出演依頼を頂いた。

依頼が来た時、不思議な気持ちだった。

小学生の時、朝鮮人という理由でいじめられていた僕は、自らのルーツを知ろうと、小学校高学年から図書館に通って自分なりに朝鮮半島の歴史を勉強した。

その時に初めて、韓国と北朝鮮は、数十年前までは1つの国だったことを知った。

僕のおじいちゃんとおばあちゃんは離散家族だ。おじいちゃんは北朝鮮に兄がいて、韓国に弟がいる。でもあまりにも年月が経ちすぎて、おじいちゃんの兄弟が生きているのかさえも分からない。

おばあちゃんの母親も、生きているのかわからない。

そんな祖父母の孫である僕が、2人のルーツの地に行くのだ。

行くだけでも凄いことである。家族にとっては革命的なことなのだ。

『祖国の南側ってどんな場所なんやろ？』

『韓国って、どんな国なんやろ？』

『韓国人って、どんな人たちなんやろ？』

想像するだけでもワクワクする。

この大ニュースを、おばあちゃんに報告した。

「ハンメ、今度仕事で韓国に行くで！」

おばあちゃんは目を輝かせて言う。

「帰るんやな。楽しんでおいで」

驚いた。僕は韓国に「行く」のに対し、おばあちゃんは「帰る」って表現したのだ。

出発前日。アメリカやヨルダンへ行く時はぐっすり眠れたのに、韓国となるとなぜか眠れない。結局、一睡もできずに朝を迎え、関西国際空港へ向かって機上の人となり、前年（2001年）に開港した仁川《インチョン》国際空港に到着した。

ここからは不思議な感覚の連続である。

空港に降り立った瞬間、この地に初めて来た感じがしなかった。遥《はる》か遠い昔にこの地に来たことがあるような気がする。

そして人。会う人会う人が初めて会った感じがしない。まるで昔からこの人たちのことを知っているような気がした。

文字を見ても、言葉を聞いても、この地で生まれ育ったわけではないのに、なぜか懐かしさを感じる。

この感覚が、単に僕の思い込みなのか、それとも自分の身体に流れる先祖の遺伝子の記憶が、この地と共鳴しているのかは分からないが、どうせいつかは来るべき地だったのだと思った。

ソウルの中心街に行くと、みんな韓国代表のユニフォームや、スローガンの「Be the Reds!」と書かれた赤いTシャツを着ていて、ソウルの街は真っ赤だった。

そんなワールドカップムード一色の韓国で、1日2回、計2日間にわたってパフォーマンスを行うのだ。

1日目、韓国で初めてのパフォーマンスということもあって緊張気味だった。当時は日本と同様、韓国でもジャグリング自体が珍しいらしく、ほとんどの人が初めて目の前でディアボロのパフォーマンスを見たことだろう（と思う）。

2日目までの計3回を終え、迎えた4回目のパフォーマンスの時だった。

この日は韓国代表の試合もあり、その熱気もあってか観客の興奮度は上がりきっていた。ほとんどミスもなく、自分でも大満足の演技ができた。

最後の出番だったからなのか、演技終了後、スタッフの方からそのままステージ上に残るよう指示があり、司会の方からインタビューがあった。

「キム・チャンヘン氏は、日本生まれ日本育ちの在日僑胞（チェイルキョッポ）ですが、今回初めて韓国に来て、今のお気持ちはどうですか？」

突然のことで何と答えていいのか分からず困っていると、観客のほうからこんな言葉が飛んできた。

「お前パンチョッパリ（半分日本人野郎）じゃねえか！　国を捨てて日本で楽してる奴なんか僑胞じゃねえよ！」

鋭い言葉の刃物が僕の心臓に刺さった。

他にも数人の人たちから同じような罵声を浴びせられた。しかし、中には罵倒する人に向かって「そんなこと言うなよ！　この子は俺たちの僑胞だぞ！」「お前は韓国人の恥だ！」など、僕を守ってくれる人も現れた。やがて韓国人観衆同士の間で騒ぎになっていた。

司会の方が僕を舞台袖に誘導し「どうか気を悪くしないで下さいね」と言ってくれた。

しかし、心のダメージは大きかった。もう二度と韓国には来たくないとさえ思った。

帰国して数日後、ワールドカップでは、日本代表も韓国代表も決勝トーナメントに進んだ。僕はサッカー観戦が大好きだが、どちらの代表も特別に応援をしているわけではなかった。むしろブラジルやドイツなど、サッカーそのものが強い国や選手のプレーを楽しみにしていた。

日本代表は決勝トーナメント1回戦でトルコに敗退した。

韓国代表の決勝トーナメント1回戦の相手はイタリアだった。

韓国で辛い思いをした直後だったので、韓国代表を応援する気分にはあまりなれず、正直言えば勝っても負けてもどうでもよかった。僕が韓国代表で知っている選手は朴智星《パクチソン》くらいだった。

試合はラフプレーが目立つものの、ホスト国のホームということもあってか、審判はイタリアに対して厳しいジャッジの印象だ。

前半18分。イタリアが先制した。この段階では『イタリアはあと何得点するかな？』くらいの気持ちだった。ところが後半88分、試合終了まであと2分のところで韓国が同点ゴールを決めた。

この瞬間、「おー！」と興奮した。『あれ？　僕、喜んでる？』自分の感情に少し驚いた。

延長13分のこと。僕の大好きなトッティが韓国側のゴール前で倒された。『PKや！』ところが、レフェリーはこれをシミュレーションと判定した。その結果、トッティはPKを蹴るどころか、2枚目のイエローカードとなり退場となった。

いつもの僕なら、「ふざけんな審判！」と怒鳴ったかもしれない。そのプレーを見ることをいつも楽しみにしていた選手がピッチから消えてしまうのだ。

ところが、不思議な感情が沸き起こってきた。『韓国が格上のイタリアに勝てるかもしれない』と小さな喜びに全身が包まれたのだ。サッカーフリークとしての僕ではなく、この時はアイデンティティのほうが顔を出したのかもしれない。

両チームともに点が入らずこのままPK戦かと思っていた延長117分のこと。安貞《アンジョン》桓《ファン》が逆転のゴールを決めた。このゴールを見た瞬間、感情が爆発し、「うおおお！！！！！」と自分でも驚くくらい大きな声を出してガッツポーズをした。

不思議だ。韓国なんか応援していないはずなのに、鼓動の激しさを感じるほど嬉しくて感動してしまっている。この言葉では表現できない気持ちは何だろうか。

日本人でもなく、韓国人でもなく、僕はいったい何人《なにじん》で何者なのだろうか。

そんな気持ちが芽生えた日韓ワールドカップだった。

大道芸ワールドカップ その1

高校2年生になる前のある日。ヨーヨーの販売もしている行きつけの文房具屋さん「ホーユーストア」の店長、口髭《くちひげ》が整った三輪《みわ》さん（仮名）からこんなことを言われた。

「岡本君。大道芸に興味ないか？」

「大道芸って、パフォーマンスして最後に帽子にお金を入れてもらったりするアレですか？」

「まあそんな感じやな。大道芸のワールドカップがあるんやけど、挑戦してみいひんか？ 今ちょうど今年度の出場者を募集してるんやわ」

大道芸にワールドカップがあるなんて初めて知ったが、パフォーマンスをする場が欲しかったので、軽い気持ちで応募してみることにした。三輪さんに言う。

「じゃ、とりあえず応募してみます。でもワールドカップなんですよね？ 僕みたいなド素人なんて絶対に落ちますよ」

すると、三輪さんは強い口調で言う。

「何を言ってるんや！ 君には他の子とは違う魅力とセンスがあるんや！ 自分を過小評価したらあかん！ もっと自信持つべきや！」

少し驚いたが、そこまで言ってくれるならと思い、さっそく三輪さんと近くの公園に行って応募に必要なパフォーマンス映像を撮ることにした。

撮り終えた映像を観ると、お客さんがいるわけでもなく、かなりしょぼい画になってしまった。『これは絶対に落ちるな』と思っていたが、なんとこれが合格してしまった。

「大道芸ワールドカップin静岡《しずおか》２００２」に出場する僕の芸名は「ミスター・マシュー」。芸名は、エントリー用紙を記入している時に、ちょうどテレビでＦ１が放送されていて、

1位がシューマッハだったので、もじって「マシュー」にした。特別な意味はない。

当時、大道芸ワールドカップ（以下・大道芸W杯）には、上から順にチャンピオンを決めるワールド部門・街のポイントでパフォーマンスを行うオン部門・オフ部門という3つがあり、オン部門とオフ部門は、音楽界で例えるならメジャーとインディーズくらいの格差（オフ部門は出演料が出ない、宿泊先も自分で手配しなければならないなど）がある。通常はオフ部門に出場してから、実力が認められれば、翌年や数年後にオン部門に出るのが通例だが、実力が落ちていれば翌年は落選というパターンもある。僕はいきなりオン部門での出場だった。しかも、17歳でオン部門出場はいまだに最年少記録だ。

どうせ落ちると思っていたので完全に油断していたが、合格したので急に焦り始める。改めてルールを確認すると、演技時間は15分から20分程度とのことだった。僕が当時やっていた演技時間は最長で10分だった。

どう考えても5分足りない。『たった5分?』と思うかもしれないが、駆け出しのパフォーマーが演技時間を5分増やし、かつショーとして成立させるということは非常に大変なことなのである。

悩んでも仕方がないので、シンプルにジャグリングの演目を新たに増やすことにした。ボール（お手玉）を購入。

大道芸W杯までは約5カ月。それまでに15分以上のショーを作るのが目標だ。毎日ひたすら練習した結果、1カ月でボールの教則本に載っていたボール5個までの基本技を全てできるようになった。2カ月で少しの応用技まで習得することができて、都合3カ月で何とか音楽に合わせて15分以上のパフォーマンスが完遂できた。自分で言うのも何だが、これは驚異的な成長スピードだった。人間、追い詰められると隠れた能力を発揮するもんだなと実感した。

何とか形にはなっているので、あとは本番当日までひたすらヨーヨー、ディアボロ、ボールの構成で繰り返し練習して精度を上げた。ちょっと余裕ができたので、当時の折りたたみ式の携帯電話を開いて、アンテナを鼻の上に立ててバランスを取るというツカミ技まで考案した（当時、なぜかこの芸でテレビなどによく出た）。

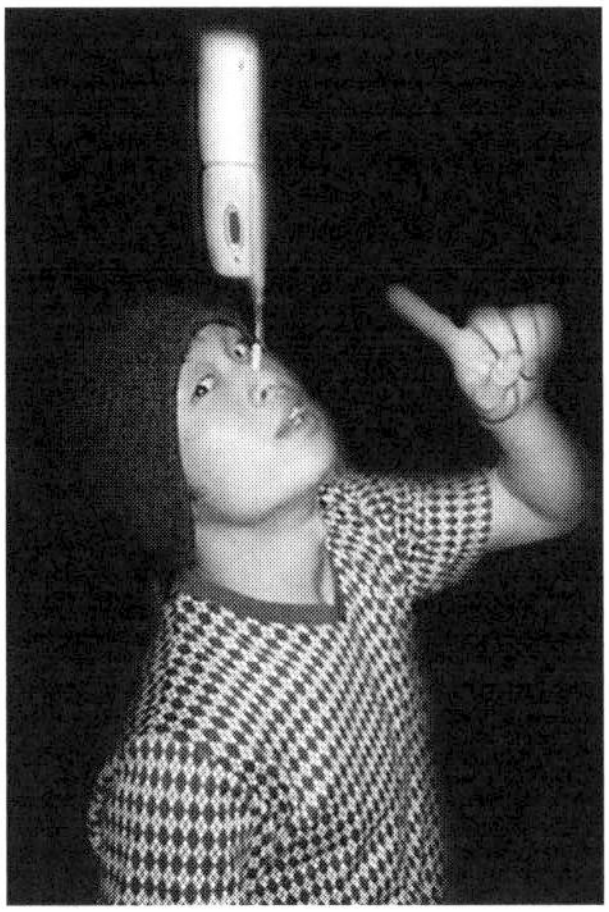

折りたたみ式の携帯電話を用いたオリジナル芸

11月1日、4日間にわたって開催される「大道芸ワールドカップ in 静岡2002」が開幕した。

初日はなんと土砂降りの雨だった。

雨天の場合は中止ではなく、パフォーマーが雨天でも演技が可能であれば行ってもいいとのことだった。

衣装や道具が濡《ぬ》れてしまうので、大多数のパフォーマーが断念したが、僕は雨天の中、パフォーマンスを行うことにした。

僕の晴れ舞台は土砂降りの雨だった。

最初の携帯電話バランス芸は、アンテナが水で滑って目に刺さりそうになり（というかちょっと刺さった）、ヨーヨーやディアボロの紐《ひも》は濡れ、ボールは水を吸い、結果はボロボロだった。

それでもお客さんの表情を読み取ると喜んでくれたようで、パフォーマンスを決行してよかったと思う。

夕方過ぎ。雨は止んだ。

初出場の僕は知らなかったのだが、大道芸W杯にはエクストラとしてナイトパフォーマンスという夜の出場枠が存在する。

大道芸W杯では、出場者は指定されたポイントで1日3回のパフォーマンスを行うのだが、その中でこのナイトパフォーマンスは、希望者は、夜に4回目の出番が追加されるというものだった。僕はもちろん希望した。

1回目は雨でほとんど何もできなかったので、雨雲が去ってからのこのナイトパフォーマンスが練習の成果を発揮できる事実上の1回目だ。

しかし、練習の成果は出せたのだが、予想外の結果に終わることとなった。

大道芸は、お客さんからの評価や称賛の気持ちを、「投げ銭」という形で袋や箱や帽子にお金を入れて頂く文化だ。「おひねり」に近いかもしれない。そして、この投げ銭というのは、パフォーマーにとっては自分のレベルを知る上で1つのバロメーターにもなる。

この時は、自分の想定を遥かに下回る結果となったのだ。

内心『まあ自分は大道芸人ではないし』と自分で自分を慰めた。挙げ句には『大道芸の投げ銭はこんなもんなんや』『これでもかなり入ったほうなんや』と無理矢理にでも納得しようとした。

しかし、他の先輩パフォーマーのポイントを覗いてみると、その場は凄く盛り上がっていて、投げ銭もめちゃくちゃ入っていた。

実力の差を思い知らされ、自分は言い訳をしているだけだということを素直に認めざるをえなかった。

全ては自分の実力不足と、ここで潔く自分の非を認めた。

すぐにホテルに戻って1人反省会をした。

このままでは後の3日間が持たないと思い、急遽作戦（構成）を変更することにした。

この日の良かった点と悪かった点、また、先輩パフォーマーを見て学んだ点や気づいた点をひたすらノートに書き起こし、多面的・多角的に分析した。

大会が始まってしまっている以上、技術は今更カヴァーできないので、見せ方とパフォーマンスの運び方を工夫で改善することにした。

先輩パフォーマーのやり方で圧倒的に多かったのは、音楽を流し、言葉を用いて説明的にパフォーマンスをするスタイルだった。

このスタイルは、言葉の説明が入るため、素人が見ても分かりやすく、大道芸に最も適していると言える。

もう1つは、音楽の有無は問わず、言葉を用いずに身体表現に特化したスタイル。身体表現に特化したパントマイムやサイレントコメディのようなスタイルだ。

これは、演者の表現技術が求められ、また言葉を用いないが故に、時にはお客さんにも高度な理解力や想像力が要求されて難解さが生じる。しかし、言語の壁を容易に超えることができるので、国際的な観点から見ると万国に通用するスタイルだ。

僕がこの時行っていたパフォーマンスは、どちらにも属さないようなスタイルだった。

言葉を用いず、アップテンポな音楽に合わせて連続的に技を繰り出し、最初から最後まで音楽を止めずに行うノンストップスタイルだ。

しかし、これはお客さんとコミュニケーションを取ることが難しく、大道芸にはあまり適していないと判断した。2日目はそれぞれの演目を始める前に音楽を止め、その演目の見所などを説明し、技もお客さんが認識しやすいように難易度を下げてパフォーマンスを行う構成で挑むことにした。

2日目は晴天だった。

昨日の反省を活かし、作戦通りに、説明してからヨーヨー、説明してからディアボロ……と演目ごとに分かりやすいように演技を行った。

すると、昨日よりも手応えがあり、投げ銭も増えた。2回目3回目とやるにつれて盛り上がりも投げ銭も増し、ナイトパフォーマンスでは想定していた通りの結果を出すことができた。

この調子で3日目も挑もうかと思ったが、まだ改善の余地があると感じたので、ひと晩でできうる工夫をもう少ししてみることにした。

2日目のやり方は、分かりやすさとしての良さは実感したが、このやり方ではどうしても演目ごとに流れが止まってしまって、悪い「間」ができてしまう。なので、次は音楽の流れは止めず、演技中に説明を添えながら、連続的に技を繰り出す作戦で行くことにした。

体力的にかなり厳しそうだが、やってみる価値は十分にある。

3日目。これが大当たりだった。2日目以上に盛り上がり、投げ銭も今までを大きく上回るほど入った。

右肩上がりに上手くいき、たくさんのお客さんにお褒めの言葉を頂いた。

大道芸ワールドカップ その2

さて、こう聞くと順調に聞こえるだろうが、実は2日目の夜から悩んでいたことがあり、これが最終日を前に非常に大きな葛藤となって迫って来た。

お客さんはパフォーマンスを楽しんでいるし、投げ銭も大きな金額が入るようになった。当時、高校2年生の僕にとっては怖くなるほどの金額だ。

これの何が問題なのか？

お客さんに喜んで頂けて、投げ銭もたくさん入っているのに、この僕自身が全然楽しく感じていないことで、心から喜べないのである。

原因は明確だった。

1日目、自分が思っていたよりもお客さんの盛り上がりや投げ銭の金額も低かった。かなり落ち込んだ。どうしても脱却したくて先輩パフォーマーを参考にし、「盛り上がり」と「投げ銭の金額」面では自分の目標を達成できた。でも、これは本来、自分がやりたいパフォーマンススタイルで手に入れた結果ではなかった。

元々、言葉を用いずに、アップテンポな音楽に合わせて連続的に技を繰り出し、ショーの最初から最後までを全力で駆け抜けるようなパフォーマンスがしたかった。

それが今は全く違う。音楽のテンポを下げ、難易度を落とした技の説明をしながら淡々とこなしている。

自分が持っている能力を遥かに落として、良い評価をされている現状が虚しかったのだ。評価してくれることは嬉しくても、自分がやっていることは楽しくないし喜べない。

お客さんのことを第一に考えることは大事だし、お金を稼ぐこともちろん大事なことだ。でも、パフォーマーである以上、そのためだけに技術を落とし、個性を殺して目標を達成していることがどうしても腑《ふ》に落ちなかった。

そして何より、このまま続けていると、いつかはパフォーマンス自体が嫌になるのは目に見えていた。そうなる前に、自分が本当にやりたいことをすることにした。

とは言え、自己中心的なパフォーマンスがダメなことは1日目で分かっていたし、かと言って2、3日目のようにお客さんに合わせすぎるのも何か違う。自分がやりたいスタイルを貫きつつ、お客さんにとっても満足度が高くなるような自分にしか表現できないスタイルを発明する必要があった。

『何かいい方法はないだろうか』

そんなことを考えていた3日目のナイトパフォーマンスまでの空き時間。屋台で買ったリンゴ飴《あめ》を舐《な》めながら先輩のパフォーマンスを観察していると、ふと音響ブースに目が向いた。

音響の方が、パフォーマンスに合わせてミキサーのフェーダーをゆっくり上げている姿が視界に飛び込んできた。

音楽の音量がだんだん大きくなっていくフェードインという技術である。

このフェードインを見て、あることが閃《ひらめ》いた。

BGMは、聴いている人が楽しんでいれば、ある程度の音量で流れているところから少しずつ音量を上げていってもなかなか気がつかない。パフォーマンスの技術を音量に例えるならば、1日目は、僕は音量をマックスの状態から始めていたことに気づいた。逆に2、3日目は、耳あたりのいい音量で流し続けていた。

なので、音楽と演目の構成自体は最もやりたかった初日と同じに戻し、その代わりに繰

「大道芸W杯in静岡2002」でのパフォーマンス

り出す技の難易度を、時間をかけてゆっくりと上げていったら、お客さんはそれについて来てくれて上手くいくのではないか？　音量ならぬ技量のフェードインと言えるだろうか。もちろん、音量と同様で一気に上げすぎるとお客さんを置いてきぼりにしてしまうが、その変化のスピードに気をつけていけばついて来てくれるんじゃないか。

早速ナイトパフォーマンスで実験してみることにした。

最初、お客さんは少なかった。しかし、パフォーマンス開始直後にいたお客さんの反応が今までと違っていた。最初から手拍子が始まり、その雰囲気に次々と人が集まってきた。

この時点で仮説は正しかったと確信した。これまでのステージを遥かに上回る歓声が響き渡り、投げ銭の時間もこれまでのお客さんの表情とはまた違っていた。本当に満足そうな表情だった。

パフォーマンスが終わってからも、

「大道芸W杯に10年間来てますけど、こんなのは初めて見ました！」

「気になって3日間見てきましたけど、毎回進化してて、特に今回はよかったです」

「色んな大道芸を見てきましたが衝撃でした！　全く新しいスタイルですね！」

など、たくさんの高評価を頂いた。

僕自身も心から嬉しかった。達成感もあるし満足感もある。ここに幸福はあった。

パフォーマーの世界にプロのライセンスなどは特にないのだが、この11月3日から、名実ともにプロパフォーマーとして活動をしようと決意したのである。

言葉を用いず、演目ごとに伴う曲と曲との間をほとんど無くし、音楽のテンポやメロディとシンクロするように技を合わせ、ショーの始まりから終わりまでの約20分間（現在は40分間）を連続技で駆け抜ける。そして、構成はジャグリングの進化を辿《たど》るように、初歩的な技から応用技に発展させ、時間をかけて技の難易度を上げていく。見ている人は知らないうちに技の発展の歴史を追体験しているのだ。

これは、単純な発想のようで当時はまだ誰もやっていなかった全く新しいスタイルだった。

もちろん、音楽と演技のバランスや技のアクセント的な部分はまだまだ未完成で、これより約10年かけて研究を重ね、今のパフォーマンススタイルに落ち着くこととなる。

最終日は小さなマイナーチェンジをしながら、3回とも大盛況のうちに終えることができた。

ありがたいことに、大道芸W杯の観客による「ヤジウマ人気投票」で1位になった。

その後、僕は2009年まで大道芸W杯に出場することになるのだが（2007年は不参加）、プロパフォーマーとしての今の僕があるのは、間違いなくこのフェスティバルのおかげである。

ヨルダン再び

大道芸W杯の影響力は凄まじく、営業（地方自治体や企業、学校などからの依頼で行う興行）のお仕事をたくさん頂けるようになった。

某大手企業の日本中の店舗を回ったり、全国のお祭りなどのイベントに出演したり、2002年12月から2004年1月にかけての約1年間で、47都道府県を全て営業で回った。お金の話になってしまうが、当時は出演料の相場が10万から20万円が当たり前の時代だった。高校3年生の夏休みだけでも月収200万円を稼いだ。特殊な依頼ではあるが、超大手企業の新作のプロモーションイベントで、3分間のパフォーマンスを2回行うだけで300万円の出演料を頂いたこともあった。

それくらい、大道芸W杯のヤジウマ人気投票1位という肩書きはかなりの武器だった。

当時はたくさん頂けた営業のおかげで、場数を踏むという意味でも経験値をグンと高めることができた。最初は余裕のなさから技のみに集中して演出面が疎かになっていたが、だんだんとお客さんのほうへ意識を向ける余裕も出てきて技と芸のバランスもよくなった。

高校2年生から3年生のうちに、こういった経験ができたことは本当にお金以上に貴重な財産だった。

さて、高校3年生になり、再び進路を考えなければならない時期になった。

スポーツクラスなので、クラスメートは各部活動の最後の試合を終えた時点で引退していくのである。

いくらスポーツクラスとはいえ、入学当初は「卒業後はプロのスポーツ選手になる！」と意気込んでいたクラスメートも、卒業後に競技を続ける人は3分の1にも満たず、ほとんどがスポーツとは関係ない大学への進学志望だった。

高校3年生になって間もない頃、海外でのお仕事が入ってきた。高校1年生の時に行ったヨルダンである。今回もアメルからの依頼だった。

4月の半ば、前回と同じく首都のアンマンに飛び、前回と同じホテルに行き、前回と同じレストランで打ち合わせをし、次の日に本番という予定になっていた。

この時は、イラク戦争がすでに始まっており、イラクはヨルダンの東側に位置しているので、アラブ系や中東エリア、そしてイスラム教に恐怖心を抱いていた僕は結構ビビっていたが、久しぶりにアメルに会えるということもあって依頼を受けた。

ホテルに到着すると、移動の疲れもあってベッドに転がった。

天井にぶら下がっているクルクル回るシーリングファンをジッと眺めながら、前回ヨルダンに来た時のことを回想していた。

『今回も同じホテルやな。レストランのあのパン美味しかったな。今日も食べれるかな。そう言えば、9・11のテロ事件の映像を見て笑顔でガッツポーズしてる人いたな。アラブとか中東とかイスラム教とかちょっと怖いな。そう言えば、イラク戦争どうなってんのかな』

色々考えている途中で寝てしまい、電話の音で目覚めた。食事の時間だ。

久しぶりにアメルと再会した。前回会った時にも気になっていたが、アメルは左右の眉毛が今にもくっつきそうだ。挨拶をすると、目よりもついつい眉毛に目がいってしまう。

レストランに行くと、満席状態だった。お店は賑《にぎ》わっている。密かに楽しみにしていたお目当てのパンもあった。味は記憶通りの味だった。

しばらく食事をしていると、先ほどまで賑わっていた店内の雰囲気がガラッと変わっていることにふと気づいた。

一緒に食事をしているアメルを含めた関係者も何かに注目しているのだ。みんなの目線の先を辿ると、テレビがあった。

画面には、イラク戦争に関する映像が流れており、イラクの首都バグダッドが空爆される光景や、サダム・フセイン大統領（当時）の銅像が引き倒される様子が映っていた。

店内にいた人々は喪失の表情を浮かべ、中には泣いている人もいた。

高校3年生の僕にとっては不思議な光景で、よく分からなかった。イラク戦争に関する報道は日本でよく目にしていた。

それを見て、危険な独裁者であるフセイン大統領がいなくなることは、イラクにとっても、隣国であるこのヨルダンにとっても悪いことではないと思っていたし、むしろアラブや中東の平和に繋《つな》がる大きな一歩だと思っていた。でも、どうやらそうとも言えないようだ。

2年前、この店で同時多発テロ事件の映像を見た人が嬉しそうにガッツポーズをしているのを見て、なんて酷い奴だと思っていた。

しかし、冷静に考えてみると、僕はその人たちのことを何も知らないし、アラブのことも、中東のことも、そして、イスラム教のことも何も知らない。

僕が知っていることは、僕は何も知らないということだけだ。

もしかしたら、アメリカが正義だと思っていたのは、僕にとってアメリカが、ただ身近な国だったからなのかもしれない。

一方で、僕がアラブや中東、イスラム教のことで知ることはネガティブな報道の部分ばかりで、その情報を鵜呑《うの》みにして全否定してしまっていたのかもしれない。

これは、いじめを受けていた件と凄く重なる。特に堤君は、朝鮮人のことをよく知らず、親の情報を鵜呑みにして僕という存在を否定し、「敵」という考えに直結していたのかもしれない。

僕は、自分を苦しめた周りからの「偏見」というものを、アラブや中東、イスラム教の人たちに対して抱いていたのだ。

僕はアメルに、自分が抱いていた「偏見」を告白した。するとアメルは「ありがとう」と言った。そしてこの近辺、中東諸国が抱えるアメリカやロシアとの関係や問題を丁寧に教えてくれた。同席していた関係者の中には、後にお世話になるパレスチナ人のアマハド(仮名)もいて、ここで初めてイスラエルとパレスチナの問題を知った。

日本に帰ると、テレビではイラク戦争に関する特番が放送されていた。ヨルダンで観た映像と決定的に違うのは、イラクの人々が喜ぶ画が主に流されていたことだ。アメリカの同時多発テロ事件では、アメリカの悲劇を悲しむ映像が、これでもかと使われていたのに対し、イラク戦争では喜劇のように人々が歓喜するシーンが次から次に提供される。当然ながら、落とされた爆弾の下では、多くの無辜《むこ》なる人々が犠牲になっているというのに。

この時の体験は、自分の考え方を省みるいい機会となった。

北野武さんの言葉と、テレビの反響

高校卒業後、僕は、ほぼエスカレーター式に上がれる系列の大学へ進学した。

間もなくテレビから出演オファーがきた。『たけしの誰でもピカソ』という番組で、世界に飛び出して活躍しているフレッシュな若者にスポットを当てる特集だった。

スタジオでは、まず鼻に携帯電話を乗せるバランス芸から始まり、それからヨーヨーとディアボロのパフォーマンスを披露。その後に僕の紹介VTRが流れ、僕が投げ上げたディアボロを今田耕司《いまだこうじ》さんがキャッチするというコラボ企画もやった。

緊張はしたが、楽しく収録ができた。

収録後、北野武さんとお話しさせて頂く機会があった。

「大学は勉強ができない奴が行くところだから、君は大学行くよりも海外に行ったほうがいいんじゃないのかい」

そう言われた。

確かに、大学に通っている目的は特になかったので、次の日に僕は大学に退学届を提出した。

テレビの力は大道芸W杯よりも大きく、番組終了直後からたくさんのお問い合わせや出演依頼のメールがホームページに届いた。

メールをひとつひとつ丁寧に確認した。気づけば深夜1時を回ろうとしている。寝ようと思ったその時、1通のメールが届いた。

内容が雑だった。

「ピースボートです。船乗って下さい」のみ。

悪戯メールだと思って即削除した。

朝起きてメール確認の続きをしていると、ピースボートと名乗る謎の団体から再びメールが届いていた。今回のメールは、長文でびっしり書かれていた。

「ピースボートとは……」

あまりの長文だったので電話で話すほうが早いと思い、メールの送り主に電話をかけてみた。

「日高さんはいらっしゃいますでしょうか」

少し待つと、メールの送り主が電話に出た。

「初めまして。私、ピースボートの日高と申します。昨日の番組、拝見させて頂きました」

ここから、ピースボートの団体の説明と、具体的にどんな活動をしているのかを聞く。

そして、本題に入る。

「ピースボートは、船で約100日間かけて地球を一周するのですが、船内でジャグリングのパフォーマンスをして頂き、船内を盛り上げて頂きたいのです」

そういうことであればと、僕は前向きだった。

「それは100日間、全部乗るのですか？」

「いえ、ゲストの方は地球一周を通して寄港地ごとに入れ替わりで乗船されますので、乗船の場合はどこかご希望の寄港地で合流して頂き、下船もご希望の寄港地までとなります」

それならばと思い快諾するが、日高さんは続けた。

「誠に申し訳ない話なのですが、往復分の移動費はピースボートが負担させて頂くのですが、出演料が出ないんです」

これは困った事態だ。他から出演依頼がたくさん来ている中、ピースボートに乗るとその期間は無収入になってしまう。自分を売り出す大事な時期だと思ったので、さすがに断ることにした。

すると、日高さんも慌てて色々とアピールをする。しかし、話は魅力的に思うものの、やはり出演料が発生しない以上、仕事を受けることはできないと思った。ところが、最後に凄く魅力的なワードを耳にする。

「寄港地にもよるんですが、スラム街に行けたりもするんですよね……」

何を聞いても引き受けるつもりはなかったが、ここで気持ちが揺らいだ。

「スラム街……」

実は中学生の時、人権学習の授業で南アフリカのスラム街について学ぶ機会があった。講師の方がスライドを使って南アフリカの現状を伝える。そして、最後にこう締め括ったのだ。

「南アフリカのスラム街に住む人たちはとても貧しくて不幸です。日本にスラム街はありませんが、スラム街に比べれば、日本は圧倒的に裕福で幸せな国です。みなさんは日本に生まれたというだけで勝ち組です」

僕は、この発言がずっと疑問だった（ウトロ地区はスラムと呼ばれることがある）。

日本に生まれたら裕福なのだろうか。裕福なら幸せなのだろうか。日本で生まれたことが勝ち組なら、南アフリカで生まれることは負け組なのだろうか。

南アフリカのスラム街と僕が生まれたウトロ地区とを照らし合わせるわけでは決してないのだが、僕の家庭は経済的には貧しかった。ただ、経済的には貧しくても、不幸と思ったことはただの1度もない。そんな家庭環境でも幸せだと感じたことはたくさんあったからだ。

そもそも、貧しいとか不幸とかを人が決めつけること自体が傲慢ではあるが、その頃から、スラム街に行ける機会があるのであれば、そこに行って考えてみようと思っていた。

そして、その機会が今舞い込んできたのだ。

日高さんに条件付きで伝えた。

「南アフリカのスラム街に行けるのであれば乗船させて頂きたいです」

返事はもちろん即決でオッケーだった。

ケニア・南アフリカ編

ケニアのモンバサから南アフリカのケープタウンまで乗船することになり、船内でのパフォーマンスはもちろん、偶然か必然か、人権学習で話を聞いた南アフリカのタウンシップ（黒人居住区）のソウェト地区にあるスラム街の交流ツアーでもパフォーマンスをするという約束になった。

出発当日。初のアフリカということでワクワクしていた。

ケニアのモンバサに行くには、首都であるナイロビに行き、ナイロビから国内線に乗り換える。

ナイロビに到着し、入国審査に向かう。

審査官にどこのホテルに滞在するのかを聞かれたが、入国してその日のうちに船で次の寄港地に行くため、それが上手く伝えられずに足止めをくらってしまった。

なぜか個室に連れて行かれ、訳も分からず1時間ほど経った頃、これまたなぜか20米ドルを払わされ、入国の許可が下りた。

預けていた荷物を受け取り、予定より大幅に時間がかかってしまった結果、時計を見ると乗り継ぎの飛行機の時間を5分ほど過ぎていた。

『やばい！！！』

国内線の方向を示した看板を頼りに急いで向かうことにした。しかし、どのくらいの距離か分からず、目の前にいたタクシーの運転手に英語で尋ねた。

「国内線はどこですか？」

タクシーの運転手は笑顔で答える。

「国内線まではかなりの距離があるからタクシーで行ったほうがいいよ」

『そうなのか。まあアフリカやし、ケニアやし、スケールがでかくて国際線から国内線までの距離もかなりあるんやな』

かなり急いでいるので背に腹はかえられず、お金で時間が少しでも短縮できるのであればとタクシーに乗った。

「急いで下さい！」

車が発進する。が、結構徐行だ。すると、約20秒後。国内線に到着した。

『え？　こんな近いん？』

タクシーの運転手に10米ドルを要求された。「んなもん払えるか！」と言いたいところだったが、ここは波風を立たせたくはないと思い、耳を揃《そろ》えて10米ドルお支払いさせて頂いた。

結局、乗るはずだった飛行機はすでに僕を置いて離陸しており、次のフライトを確認すると3時間後だった。

荷物を預けようとしたら、国際線と国内線でルールが違うのか、ナイロビまでは問題なかった重量が、国内線のモンバサまでは重量オーバーと言われ、超過分のお金を払うか預ける荷物を少し減らすかの選択を迫られた。

ケニアに来てすでに30米ドルも支払っているため、もうこれ以上は勘弁ということで、預ける荷物を減らし、減らした分は手荷物で持って入ることにした。

ふと、予定の飛行機に乗れなかったことをピースボートに連絡しなければと思い、国際線に移動して国際電話で連絡を取る。

「あの、入国に凄く時間がかかってしまって予定の飛行機に乗れませんでした。で、3時間後のフライトに乗ることになりましたが問題ないでしょうか」

ピースボートのスタッフが、到着時間と合流場所までの時間を計算する。

「はい！　次のフライトでも間に合いそうです！　ただ、時間がかなりタイトなので、空港に着いたらなるべく急いで下さい！」

ひとまず安心し、あとは国内線に移動してゆっくり過ごすことにした。

国際線から国内線までは、U字型に道が続いている。そのU字型の内側は、広い駐車場がある。

『この駐車場を真っ直ぐ突っ切ったほうが近道や』

と思い、駐車場を抜けることにした。

駐車場を歩いていると、背後に人の気配を感じる。ふと後ろを確認すると、背の高い黒人男性が3人歩いていた。

最初はあまり気にならなかったが、3人との距離が徐々に縮まっていることに気づいた。

『ついて来てる……？』

その瞬間だった。後ろから首を絞められながら、車と車の間に引きずり込まれた。あっと言う間に1人に胸ぐらを摑《つか》まれ、車のドアにドンと押さえつけられた。2人の男はそれぞれ僕の両腕を摑んだ。3人がかりで圧をかけられ、全く身動きが取れなくなった。

目の前の男が大きなナイフを取り出し、僕の首元に刃を当てる。

『やばい！　これはかなりやばい！』

周りには人はおらず、絶体絶命のピンチだ。

「イサダクテシダヲネカオ」

スワヒリ語なんて挨拶の「ジャンボ」くらいしか知らないが、何となく「金出せ」的なことを言われているのは雰囲気で分かった。

3人はスワヒリ語で何やら会話し、囲まれる感じでどこかに誘導される。ナイフは背後から突きつけられている状態だ。

紺色の乗用車の前まで連れてこられた。どうやら彼らの車らしい。

ここからの会話は、しばらくは僕とナイフ男との英語対スワヒリ語での勝手な解釈だ。

「クルマニノリナハレ」

ここはマラソンで金メダリストを輩出しているケニアである。目の前にいる3人は全員長身で細マッチョ。逃げてもおそらく脚では勝てないだろう。刺されるかもしれないので、大人しく乗車した。

車で10分ほど走ると、ドラえもんに出てきそうな空き地に到着し、ここで降ろされる。

「モッテルニモツゼンブダシナハレ」

僕は大人しく鞄《かばん》を差し出した。もしかしたら、命だけは助かるかもしれない。

荷物の物色が始まる。財布やリップ、パスポートやゲームボーイなどが出てくる。とりあえずパスポートさえ返してくれれば、後は全部取られてもいいと思った。

すると、先ほど重量オーバーで預け荷物から取り出したボールとディアボロが出てきた。

「コレ（ディアボロ）ナンヤネン」

僕は答える。

「これはディアボロや。僕はプロのパフォーマーやねんで」

「ナンヤソレ。チョットヤッテミナハレ」

僕はボールとディアボロを実際にやって見せた。その途端、今まで怖い顔だった3人は急に笑顔になった。リーダーのナイフ男ことハサン（仮名）が急に英語で話しだした。

「お前めっちゃ凄いやないか！」

なんとハサンは、英語を普通に話せたのだ。

ハサンは興奮しながら言う。

「俺の地元に子どもがめっちゃいるんやけど、それ見たら子どもたち絶対に喜ぶと思うねん。今から俺の地元に行って、子どもたちに見せたってくれへん？」

驚いた。ただの極悪な強盗かと思ったら、凄くいい感じの兄ちゃんだった。聞くと年齢は20歳とのこと。僕と1つ違いだ。

フライトの時間までには空港に送ってもらうことを約束し、再び車に乗り込んで彼の地元を目指す。空港から空き地までは後部座席に乗せられ、2人が僕の両側に座って身動きを取れないようにされていたのに、空き地から彼の地元に向かう時は助手席に大出世した。

ハサンは語る。

「俺たちが住んでるとこは貧しい地域やねん。地方からも集まってきて、そこで商売したり、街に出て物売ったり、ストリートで音楽とかして金を稼いだりして何とか生活してんねん。さっき俺たちに見せてくれたもんを子どもたちに見せてあげたら、ほんまに喜ぶと思うわ」

彼の話を聞いていると、自然と子どもたちにジャグリングを見てもらいたいという気持ちになった。

「あれが俺らの地元や」

行き着いた彼らの地元というのは、ケニア最大級のスラム街として知られる「キベラスラム」だった。

実は高校3年生の時に『ナイロビの蜂』という小説を読んでその存在は知っていたが、まさかこんな形で訪れることができるなんて夢にも思っていなかった。

キベラスラムに到着し、ハサンが子どもたちを集める。僕が想像していた以上に子どもたちが集まった。１００人は軽く超えていたと思う。

ハサンの合図でジャグリングを披露する。

ボール3個の時点で子どもたちは興奮状態。そこから1個ずつ増やし、最終的にボールを7個ジャグリングする。

この段階で子どもから大人まで２００人以上は集まっていただろう。

次に得意のディアボロを空高く飛ばす。子どもたちの目がキラキラ輝き、大人たちも満面の笑みを浮かべる。

パフォーマンスを終えると、キベラの皆様からたくさんの拍手を頂いた。子どもたちは僕の手を握って離さない。子どもたちにとっては、スーパーマンが現れたかのように思ったのかもしれない。

ハサンも満足そうで、子どもたちのたくさんの笑顔を見て目に涙を浮かべていた。

「そろそろ時間やし、空港まで送るわ」

車に乗り、空港に向けて発進する。

子どもたちが、見えなくなるまでどこまでも手を振りながら追いかけてくる。

ハサンは言う。

「俺、今は盗んだ物を売ったりしてるけど、ある程度お金が貯まったら自立してちゃんと働こうと思ってんねん。立派な人間になって、地元の子どもたちが当たり前に教育を受けられるようにサポートできる存在になりたいと思ってる。それが俺の夢なんや」

彼は、僕に夢を語ってくれた。

僕の夢って何だろう？　立派なパフォーマーになる？　そもそも立派って何だろう？

僕はパフォーマーになって何をどうしたいのか？

楽しんでもらいたい。笑顔になってもらいたい。感動を共有したい。もちろんそれもいいかもしれない。

でも、今までジャグリングという手段を用いてパフォーマンスはしていても、パフォーマンスをすることによって何かを伝える、何かを訴えかけるようなメッセージがないことに気づいた。僕はなぜパフォーマンスをするのか？

「自己表現」ではなく「自己満足」に終わっていたのだ。

本質的に、何か人のために役立てられる僕の夢って何だろうか？　まだ探している途中だが、ただのパフォーマーに止まってはいけない。

そんな気持ちが心から芽生え始めた。

空港に到着し、最後に別れのハグをしながらハサンは言う。「ケニアは物騒やから気をつけて行けよ」と。内心『お前が言うな！』とツッコミながらも、ハサンには心から感謝した。

モンバサに到着し、ピースボートのスタッフと無事合流した。

「チャンヘンさん、よく来てくれました。やっと念願のスラム街に行けますね！」

「いえ、もう行って来ましたよ」

船内でパフォーマンスを行い、南アフリカのソウェト地区のスラム街でも予定通りパフォーマンスを行うことができた。

スラム街といえば、暗くて怖くて、人も覇気がないようなイメージを持つかもしれない。しかし、（キベラスラムの人もフレンドリーではあったのだが）ソウェト地区の人は活気に溢れていて、積極的に手を振って応援をしてくれた。

南アフリカ・ソウェト地区でのパフォーマンス

これはキベラスラムのみならず、日本のどこだって共通するのだが、パフォーマンスを見る子どもたちの笑顔が宝石のように輝いていた。手を繋いだり、抱っこを要求したり、とにかく元気で体力が無限にあるように感じるのだ。

中学校の人権学習の時、講師の方が言った「スラム街に住む人たちは貧しくて不幸」なのかは、南アフリカに生まれ育ったわけでもない僕には分からないし、「日本は裕福で幸せ」なのかは、日本で生まれ育った僕には全く分からない。

ただ、どんな人にだって不幸と感じる時があれば、幸福に感じる時だってあることは確かだ。

帰り間際にソウェト地区のみんなが「また

ソウェトに来てね」「またジャグリング見せてね」と言ってくれた。

1日ではあったが、ソウェト地区でみんなと楽しい時間を過ごせたことは僕にとっては幸せだったし、ソウェト地区のみんなにとってもそうであるならばさらに幸せだ。

マイケル・ジャクソンの「そっくりさん」?

ちなみに、アメリカ人の経営コンサルタント、スティーブンのおかげで、同年に再び南アフリカを訪れる機会があった。今度はアパルトヘイト撤廃10周年を祝うイベントに出演するためだ。

イベント会場に到着し、スタッフの方に舞台裏へ誘導された。僕の出番まで時間はまだまだあったので、舞台裏の広いスペースに移動し、ウォーミングアップをしていた。ディアボロをしていたところ、結構お年を召されている男性が近づいてきた。

男性は立ち止まり、ディアボロを回す僕の姿を笑顔で見続けた。その視線が気になったので、僕はディアボロをいったん止め、男性のほうを見て軽く会釈をした。

すると、男性は拍手をしながら笑顔で近づいてきて、僕の左肩をポンポンと強く叩《たた》くと、満足気な表情を浮かべて舞台袖のほうへ歩いて行った。

舞台袖のほうでは、大勢の子どもたちが目を輝かせながら、その男性に握手を求めている。どうやら南アフリカでは結構有名な人らしい。

式典が始まり、舞台袖から様子を見ていると、さっきの男性がスピーチを始めた。恥ずかしながら、ここで初めて男性の正体を知った。

ノーベル平和賞を受賞したデズモンド・ムピロ・ツツ、その人だった。有名人どころか、とてつもなく偉大な人物だった。

彼のスピーチが終わると、ゲストパフォーマンスの時間がやってきた。楽器を奏でる人、ラップをする人、軟体芸のような踊りをする人。

そして、僕の出番がやってきた。名前がコールされ、舞台に上がる。

ディアボロの演技中、何度か舞台袖にいたツツさんのほうにも目をやると、人だかりができていて、その中に凄く目を引く人がいる。

マイケル・ジャクソンの「そっくりさん」がいるのだ。

『マイケル・ジャクソンのモノマネショーでもやるんか』

そんなことも頭によぎりながら、パフォーマンスを無事に終えることができた。ノーミスだった。肩を叩いてくれたツツさんのご利益もあったのかもしれない。

舞台袖に捌《は》けると、ツツさんは少し興奮した様子で僕の手を強く握ってくれた。結構痛かった。

すると、マイケル・ジャクソンの「そっくりさん」も近寄ってきた。

『次がモノマネショーかな？』と思っていると、ツツさんが言う。

「彼はスーパースターだから知ってるよね？」

なんと、「そっくりさん」だと思っていたマイケル・ジャクソンは、本物のマイケル・ジャクソンだった。

こんなこと言うと怒られるかもしれないが、本物のマイケル・ジャクソンはオーラがありすぎて、かえって僕には嘘《うそ》っぽく映っていた。

この会場には出演のためではなく、お忍びで来ていたらしい。ツツさんが僕のことを紹介してくれて、『マイケル・ジャクソンって、ほんまに実在するんや……』と握手をした。

その手は凄く大きかったという印象が残っている。ツツさんとマイケル・ジャクソンはスタッフに誘導されて舞台裏から出ていった。

ブラジルのファベーラ編

スラム街への関心はやまなかった。

2005年の春。ブラジル映画の『シティ・オブ・ゴッド』なる映画を観た。南米最大級のスラム街、ブラジルのリオデジャネイロにある通称「ファベーラ」を題材にした作品だ。

この映画を観終えた後、あまりのショックにしばらくその場から動くことができなかった。少し時間が経ち、実際にこの目で確かめに行きたいという衝動にかられた。

結局、その衝動は抑えられず、映画の余韻が覚めないまま、夏を待たずに僕はリオデジャネイロに飛んだ。ブラジルはポルトガル語である。英語くらい通じるだろうと思っていたら全くの見当違いで、全然通じなかった。

『ポルトガル語なんてオブリガード（ありがとう）しか知らない……』

ファベーラの行き方が分からない上に、ポルトガル語もできないなんて、僕はいったい何をしに来たのだろうか。

とりあえず、英語か日本語を話せる人を探すことにした。何ならウリマルでもいい。

しかし、そんな簡単に見つけられるはずもなく、歩けど探せど時間だけが過ぎていく。午前中に到着したのに、気づけば陽は沈み、このままでは企画倒れになってしまう。お腹が空いたので、ご飯を食べるため美味しそうな店を物色することにした。

鶏屋さんが目に入った。店の前にいくつか写真が飾ってある。ふと見ると、店長らしき人がサッカー元日本代表のラモス瑠偉《るい》と一緒に写っている。

ラモス瑠偉が来た店なら間違いないとの理屈をつけて店に入った。

店長は少しだけ英語が通じるようで、1番人気のメニューを頼んだ。

美味しそうなチキングリルが来た。食べていると、後から来たおっちゃんがポルトガル語で話しかけてきた。

訳が分からず困っていると、あるものを指差した。塩だった。塩を取ってほしかったらしい。

すると、英語でどこから来たのかと聞かれたので、日本の京都だと伝えると、塩男はイントネーションやアクセントは心許ないが、文法的にはめっちゃ正しい日本語で話し始めた。

彼の名はナカムラ（仮名）。日系ブラジル人二世だった。髪はくしゃくしゃで、なぜかポロシャツを前だけズボンにインしている。

ここで日本語話者と出会えた。何という奇跡だ。ラモス瑠偉に感謝だ。

「ファベーラに行きたいんですけど、どうやって行けばいいですか」

ナカムラさんは目を丸くして言う。

「ファベーラは部外者にとっては特に危険な場所ですよ。なんで行きたいんですか？」

事情を説明すると、ナカムラさんはこんな提案をしてくれた。

「ファベーラは1つの町ではなく、ファベーラの中でも町が分かれているんです。その1つにギャングの友人がいます。そこはファベーラの中では治安がまだいいほうです。その友人なら紹介できますよ」

僕は「ギャング」というワードでその提案に乗った。

翌日の夕方、ナカムラさんの車でファベーラに向かった。

ちなみに、現地で初めて知ったのだが、ファベーラとはスラム街の名前ではなく、「スラム街」自体を意味する言葉である。つまり、不法移住者が集まったファベーラや、街自体がファベーラになってしまったケースなど、ブラジルのあちこちにファベーラが存在する。

進行方向の左側を指差し、ナカムラさんは言う。

「これリオの中では1番大きいファベーラです。何キロも続いています。強盗や殺人、ドラッグなんかも当たり前なので注意して下さい」

ファベーラを目の前にし、ネガティブワードをさらっと聞かされたので今更かなりビビり始めた。一応ギャングについて聞いてみた。

「ギャングってたくさんいるんですか？」

「いますよ。ギャングといっても、その縄張りをしっかり管理していれば比較的安全ですけど、縄張り争いをしている場所はかなり危険ですね」

聞けば聞くほど恐ろしくなったが、ここに来て引き返すのも悔しいと思ったので、少しでも心の準備をしてみる。

「ちなみに今から行く場所のギャングはどうなんですか？」

「今から行く場所は1つのギャングが管理してるので比較的安全ですよ。ちなみにその友人はギャングの幹部です」

『え……大丈夫かな……』

目的地に着いた。細い道が入り組んでおり、壁には所々にグラフィックアートが描かれている。上を見上げれば洗濯物があちこちにかかっており、時折小さなお店もある。

「これを見て下さい」

ナカムラさんが指差すところを見ると、小さな穴がいくつか空いていた。

「これ、銃弾の跡ですよ」

『……』

細い道をどんどん進む。まるで迷路で、ナカムラさんとはぐれてしまったら確実に迷子になってしまう。是が非でもナカムラさんと離れないようにしなければ。

数分後。僕は迷子になってしまった。

これは完全に僕の好奇心が裏目に出てしまったのだが、途中でナカムラさんがアクセサリーなどの小物を売っているお店に入って女性と喋《しゃべ》り始めた。どうやら顔馴染みなんだろう。で、少し気になる小道があり、ナカムラさんの話も弾んでいたので、ちょっとの時間だけ散策することにした。

1分か2分くらい経って、その小物店に戻ると、ナカムラさんの姿はなかった。

小物店の女性がある方向を指差した。ナカムラさんは僕を探しに行ったのだろうと悟った。

しかし、ナカムラさんが向かったとされる方向に進んでも彼の姿はなく、道もかなり入り組んでいるため完全に迷子になってしまった。

今思えば、小物店で待っていればよかったのかもしれない。

10分ほど経過し、もはや自分がどの辺りを歩いているのかさえも分からなくなった。

何か気配を感じる。辺りを見渡しても誰もいなかったが、とにかく気配を感じるのだ。

次は注意深く辺りを見渡した。すると、小屋の陰に紛れて2人の男が僕に睨《にら》みを利かせていた。

嫌な予感がし、2人から逃げるように早歩きをすると、後を追ってきている。振り返ると、2人は鼻と口を覆うようにバンダナをマスクにして顔を隠していた。

『これ、かなりヤバイ状況じゃ……』

歩いても歩いても追ってくるので、急いで小道に入ると、もっとやばい状況になってしまった。

なんと、2人の仲間と思われる5人組の集団が前方から歩いてきたのだ。完全に前後を挟まれた。しかも、みんな銃を持っていて、1人は小型のマシンガンを携えている。

そのままギャングに囲まれ、銃を腰に突きつけられながら誘導される。『あー、このまま人目につかへん所で撃ち殺されるんか』と観念した。

その時だった。ナカムラさんが現れた。映画みたいな展開だ。

ナカムラさんにめちゃくちゃキレられたが、これも僕を心配してくれた愛情なのだ。ナカムラさんはロナウドのレプリカユニフォームを着た男と一緒に登場したのだが、この集団はロナウド（仮名）の部下で、交代しながら縄張りをパトロールしているとのことだった。

怪しい者ではない（実際は怪しいが）ことを分かってもらい、ナカムラさんのおかげでギャングたちとパーティをすることになった。

パーティと言っても、クラブみたいな場所で音楽を大音量で流して踊るようなものではなく、外の広場でヒップホップを適度な音量で流しながら、ドラム缶での焚《た》き火を囲んで酒を飲むというもの。僕はまだ19歳だったが、初めてお酒を飲んだ。銃を持っている人に勧められたので黙認してほしい。

で、ここでジャグリングも披露した。ケニアや南アフリカの時のように、子どもたちもたくさん集まってきた。

パーティが始まって数分後、ギャングのボスが登場した。ボスという言葉の持つイメージよりは、良きリーダーという感じだ。

ブラジルの貧富の格差というのは世界最大と言われている。国民の半分以上の人々が国民平均所得半分以下であるほど深刻である。

なので、高級住宅街の目の前にファベーラがあったり、高級ホテルの側にファベーラがあったりする光景なんて珍しくはない。

ボスが語っていたことが、今でも心に残っている。

「本当は俺たちだって暴力なんて反対だ。銃より鉛筆を握って学校で勉強をしたい。才能があればギャングよりサッカー選手になりたい。でも、この町では選択肢が限られているんだ。子どもたちには俺たちみたいになってほしくないんだ」

よく「恵まれない人」という言葉を聞くが、それは単に経済的に貧しい人のことではなく、選択肢が少ない環境にいる人のことなのかもしれない。

僕のパフォーマンスを見てもらうことによって、その人たちの選択肢が少しでも増えれば、こんなに嬉しいことはない。

自分がパフォーマーとして目指す道筋が、少しずつだが見えてきた。

パレスチナの難民キャンプ編

「イスラエル・パレスチナ問題」という言葉を聞いたことはあるだろうか？

何となく「宗教問題」と思う人が多いかもしれないが、実はそんな単純な言葉では説明できないほど宗教や政治、土地や資源の問題が複雑に入り組んでいる。

このイスラエル・パレスチナ問題に興味を持った方は、ぜひ専門書を手にとって勉強して頂きたい。

さて、2度目のヨルダンのお仕事で出会ったアマハドの熱望と多大な協力により、2005年夏、パレスチナでパフォーマンスをする機会が訪れた。

パレスチナは、ヨルダン川西岸地区（以下・西岸地区）という東側をヨルダンと接する地区と、ガザ地区という南側をエジプトに接する地区があり、今回は西岸地区に行くことになった。

日本からパレスチナへの直行便はない。というか、そもそもパレスチナには空港がない。なのでイスラエルに入国してからパレスチナの西岸地区を目指す。

少しややこしい話だが、イスラエルとパレスチナの双方が「首都」と主張しているエルサレムは、事実上、パレスチナ人が暮らす東エルサレム（現状はイスラエルが実効支配）と、イスラエル人が暮らす西エルサレムに分かれている。

聖地がある旧市街は、地理上で言えば東エルサレムにあるのだが、西岸地区やガザ地区に住むパレスチナ人は、聖地に行くことは極めて困難である。なぜならば、旧市街はイスラエルの兵士が銃を持って警備しており、事実上はイスラエルの支配下にあるからだ。

東西に分かれているエルサレムは、線や壁で明確に分かれているわけではなく、東エルサレムで話される言語は主にアラビア語、西エルサレムのそれは主にヘブライ語で、東エルサレムと西エルサレムの住人は、仕事でもない限りは東西を行き来することは基本的にない。

よって、観光客は言葉や文字の違いで東と西を判断するしかないだろう。

イスラエルに到着し、エルサレムを通って待ち合わせのベツレヘムという街を目指す。エルサレムからベツレヘムまではバスで約30分だ。

ちなみに、ベツレヘムは聖書では「ダビデの町」とされており、また新約聖書においてはイエス・キリストの誕生の地とされている。

ベツレヘムに近づくと、イスラエルとパレスチナとを隔てる大きな分離壁が見えてくる。

実は、西岸地区は（ガザ地区も）イスラエルが建設した壁で包囲されており、パレスチナ人は囲まれた壁の中で暮らしている。その長く続く大きな壁を目の当たりにして、緊張状態が今でも続いていることを実感する。

バスはベツレヘム（壁の中）には入れないので、バス停で下車し、徒歩で壁を通ってベツレヘムに入る。

ベツレヘムのホテルに到着し、アマハドに指定されたカフェで、今回お世話になるラムジー（仮名）と合流し、打ち合わせをする。

パレスチナには、たくさんの難民キャンプが点在している。周辺諸国に避難した人も大勢いるが、国内に住む場所を求めて難民キャンプに避難した人も大勢いる。難民キャンプで生まれ育った人もおり、三世、四世もいる。2020年には五世や六世も生まれているだろう。

パレスチナでは、エリアによってはイスラエル軍によるキャンプの破壊や土地・農地の没収が行われている。そのため、パレスチナ人の中には、イスラエル兵に対して投石などの攻撃を行う人もいて、パレスチナ人への逮捕や発砲が頻繁に繰り広げられている。

そんなパレスチナの現状を聞いて少々ビビりながらも、翌日から3日間で3カ所の難民キャンプや村でのパフォーマンスをすることになった。

1日目、ラムジーと共に難民キャンプAに到着。初めての難民キャンプだが、実際に訪れてみると、想像していた難民キャンプのイメージとは全く異なっていた。

「キャンプ」という言葉のイメージで、てっきりテントを張って（そういう場所もあるらしい）生活をしているのかと思っていたが、実際には建物がずらっと並んでいる。一般的と言っていい街並みだ。商店も飲食店もあり、「暮らす」という意味では十分だろう。

会場に着いてリハーサルをする。一応、パフォーマンスで使用する音源をカセットテープとCD、MDで持って行ったが、機械との相性が悪いのか全てエラーだった。仕方なく持参したプレーヤーをスピーカーの外部入力で直接繋げた。海外公演ではたまにこういうことがある。

おそらくパレスチナでジャグリングの公演は歴史上初だろう。パレスチナの人たちは喜んでくれて、特に子どもたちは大興奮だった。大人の反応は国によって様々だが、子どもの反応というのは世界中どこへ行っても変わらない。

公演を終えると、キベラスラム、ソウェト地区、ファベーラ同様、僕は子どもたちのヒーローになった。ジャグリングに挑戦してみたいという子どももたくさんいて、予定を少し延ばしてジャグリング教室も行った。

翌日、難民キャンプBに向かう車内でラムジーが言う。

「今日の新聞にあなた載ってたよ」

新聞を見ると、子どもたちにディアボロを教えている写真がでかでかと載っていた。記事の内容が気になるのでラムジーに聞いてみると、「魔法使い現る」とのこと。

パレスチナでは、僕は魔法使いらしい。

難民キャンプBに到着。

難民キャンプAとあまり街並みは変わらないが、街中のあらゆる壁に落書き（アート？）

やアラビア文字で何かメッセージのようなものが書かれている。パレスチナの旗もあちこちに掲げられている。難民キャンプAとあまりにも違う雰囲気に少し圧倒されている僕の様子を見てラムジーは言う。

「この難民キャンプBは、イスラエルによる圧力が強い地域なので、壁にはここの住人たちの主義・主張が書かれています」

なるほど。『やっぱ個々の難民キャンプによって、環境や状況が全然違うんやな』ということが分かった。

会場に着き、リハーサルを始めた。

リハーサル中に小さな子どもたちが睨みつけてきたり、少年たちが中指を立てて挑発してきたりと、治安の悪さを感じて結構ビビっているうちに本番を迎える。

魔法使いの力だろうか。怖い顔をしていた子どもや少年が瞬く間に笑顔に変わり、終わってみればまたヒーローになっていた。

僕は上機嫌になった。

『ジャグリングで世界を平和にしたい！』

2日目も無事大成功に終わり、最終日に備えて少し早い眠りについた。

3日目。今日は昨日までにも増して、何だか空が一段と澄み切っているように感じる。

この感覚はなんだろうか。もしかしたら、イスラエルとパレスチナの問題が本当にジャグリングの力で解決するのではないかとさえ思えるような空だった。

ラムジーと合流する。3日目は難民キャンプではなく村だ。今までの場所とは違って危険度が高いエリアの近くで、村の側には難民キャンプがある。その難民キャンプはイスラエル軍との摩擦が頻繁に起こっている深刻な場所の1つらしい。

村に着いた。村と言っても見た目は難民キャンプとあまり変わらない。が、1つだけ大きな違いがある。

人々に覇気が感じられない。

建物もあちこちで崩壊していたり、この村は深刻な問題を抱えていそうだ。

リハーサルを手伝ってくれるスタッフから「本番は会場の電気は点けなくても大丈夫かい?」と聞かれた。

おそらく、希望すれば電気は点けてくれるのだろうが、この村は電気や水道のインフラが十分に整っていないことをラムジーから聞いており、お昼ということもあって、外からの明かりも十分入っていたため、公演は会場の電気は点けずに行うことにした。

そんなこんなで村での公演が始まる。危険度が高いエリアの近くということで、感覚的に難民キャンプBよりも不安を抱えながらパフォーマンスを行った。

ここでも公演が終わると子どもたちのヒーローになり、とりあえずは3日間の達成感とパレスチナの人たちを笑顔にできたことの満足感で胸がいっぱいだった。

僕はますます上機嫌になった。

『ジャグリングで世界を平和にしたい！』

そう思って現地の人たちとしばらく交流会をしている、その時だった。

ドドドドドン！

パーン！　パーン！

遠くのほうで何かが聞こえた。

この瞬間、交流会は静まりかえった。

僕とラムジーは硬直した。

しばらくすると、村人に静かに誘導され、小さな丘をゆっくり登る。丘の上から景色を見渡すと、遠くのほうに町が見えた。その町からは煙が上がっている。

村人がラムジーに話し、ラムジーは僕に伝える。

「あそこはイスラエルの奇襲を度々受けている町なんです」

村人は様子を見ていた双眼鏡をラムジーに渡した。覗き込んだラムジーが明らかに動揺した様子で僕に言う。

「非常に悲惨な光景ですが見ますか？」

恐る恐る双眼鏡を覗き込み、ラムジーが指示する場所を確認すると、人が倒れていた。

『え……』

双眼鏡には、脳みそが吹っ飛んだ動かない身体が横たわっていた。

自分の瞳孔が最大限に広がるのを感じ、身体中の血の気が引くような感覚を覚えた、次の瞬間だった。あまりにもショッキングな光景に耐えきれず嘔吐《おうと》した。

村人の家に行き、僕はベッドに横になった。

心配した村の少年2人も部屋に入ってきた。

少年の1人は言う。

「この国では、昨日まで一緒に遊んでいた友達が次の日には死んでるなんて、そう珍しいことではないよ。僕の友達は2カ月前に撃たれて死んだんだ」

涙が出た。僕は何も分かっていなかった。

『ジャグリングで世界を平和にする』

そんなの不可能だ。そんなこと、心のどこかでは自分でもちゃんと分かっていたはずだ。

当事者の日常に無知な余所者が土足で上がり込み、本質には全く目を向けず、娯楽で人の笑顔や喜ぶ姿だけを見て、ただ優越感に浸って調子に乗っていただけだった。

僕は、自分が見たいものだけを見ていたんだ。浅い。あまりにも浅すぎる。

軽率で恥ずかしくなった。

帰りの飛行機。双眼鏡で見た光景が頭の中で浮かんだり、消えたりする。

ケニアからパレスチナまでの出来事を振り返りながら、自分が本来やるべきことを冷静に考えてみた。

『ジャグリングで世界を平和にしたい』

この気持ちは嘘ではない。世界中の人が安心して生きることができ、世界中の人が対等な立場で接することができる世の中になればいいと心から願っている。それが僕が思う平和だ。

ただ、持つ夢が大きすぎた。完全に自分の能力とできることを見誤っていた。

身の丈に合った実現できそうな夢を持つことが大事だ。

能力を高めて、その度に実現できそうな夢を少しずつ大きくすればいい。

芸術は「問題提起」はできても、「問題解決」は決してできないのだ。

僕がパフォーマーとして国や地域が抱える問題を根本的に解決することはできなくても、体験したことをアウトプットすることはできる。パフォーマンスという表現手段を通じて問題提起をすることは可能だ。

ここで初めて、自分の「役割」というものが分かった気がする。自分がパフォーマーとして本当にやるべきことが見えてきた。

4・ルーツを辿る旅

韓国編

僕は高校卒業と同時に、芸名を「ミスター・マシュー」から本名の「キム・チャンヘン」に変更した（2009年から現在の「ちゃんへん.」）。

名前が徐々に売れたことによって、色んな人から名前や国籍について質問されることが多くなった。次第にアイデンティティの葛藤に悩む日々を送るようになってしまった。

「いつ日本に来たんですか？」

「日本人なんですか？　それとも韓国人なんですか？」

「毎日キムチを食べてるんですか？」

「サッカーは日本と韓国どっちを応援するんですか？」

色んな人から繰り返される同じような質問に苛立っていたのだ。

その一方で、質問に対して自信を持って答えることができない自分に気づき、それがアイデンティティの葛藤に繋《つな》がったのだ。

『結局のところ、僕は何人《なにじん》で、何者なんだろう？』

ついに爆発してしまい、『みんな僕をカテゴライズしようとする。僕は、もっと広い世界で生きなあかん。一度日本から出よう。そして、自分の答えを探そう』。

自分が何者であるのかを知るため、その答えを求めて旅に出ることにした。自分のルーツを辿《たど》れば、何か答えが見つかるかもしれない。

韓国と北朝鮮に行くことにした。軍事境界線をこの目で見たかったのでちょうどいい機会だ。

まずは朝鮮半島の南側の大韓民国（以下・韓国）。済州島《チェジュとう》から北上し、軍事境界線がある共同警備区域（以下・JSA）を目指す。大邱《テグ》、蔚山《ウルサン》、釜山《プサン》、光州《クァンジュ》、全州《チョンジュ》、大田《テジョン》、水原《スウォン》、仁川《インチョン》を経てソウルへ。

JSAには、軍指定の旅行会社が催行する観光ツアーに申し込みをしなければ、行くことはできない。ここからは事前に申し込んでいた板門店《パンムンジョム》ツアーに参加する。

ちなみに韓国人の一般人は、JSAに立ち入ることは原則として許されないが、韓国国籍の在日コリアンの場合、在外国民登録部謄本が韓国大使館から発行されれば参加できるのである。

ツアーは6時間ほどで、日本円で7000円くらい。服装は、短パンやミニスカートはNGで、サンダルなんて論外だ。

ソウルからバスに乗り、1時間ほどで民間人統制区域に近づき、ここから警備が厳重になる。

軍事境界線を挟んで南北にそれぞれ約2キロメートルが非武装地帯（DMZ）となっているため、ここでバスは一旦停車し、検問によるパスポートや服装などのチェックが入る。その流れで、訪問者は宣言書にサインをしなければならない。

「命に関わる如何なる事態が起ころうとも、責任を追及しません」というものだ。

全てのチェックを終え、さらに数十分走ると念願のＪＳＡに到着。

到着後、訪問者は国際連合軍（以下・国連軍）から歴史の説明や注意を受ける。指を差さない。手を振らない。座り込まないなど。

ここでは、国連軍はみんな北朝鮮のことを「敵」と呼ぶ。「敵」という言葉が出る度に、何か心にチクチクと刺さる感覚を覚える。

説明を聞き終え、国連軍に誘導されていくと、板門店や軍事境界線が目の前に広がった。北側にも観光客が確認できた。

ショックだった。今まで、本やテレビで何度も何度もこの場所の風景を見ていたが、この場所が本当に実在するなんて心の隅では信じたくなかった。境界線が「あるらしい」から「ある」に変わった瞬間だった。

あの何の変哲もないコンクリートが、朝鮮民族を半世紀以上も隔てている境界線なのか。

「国境」ではなく「境界線」。

「終戦」ではなく「休戦」。

北と南の国は互いに背を向け、北と南の兵士は互いに睨《にら》み合っている。こんな状態が、半生紀以上も続いているなんて……。

帰り間際。沙川江《サチョンがわ》に架かる沙川橋が見えた。通称「帰らざる橋」だ。

この「帰らざる橋」とは、1953年の朝鮮戦争休戦後、戦争捕虜の交換が行われた南北分断を象徴する場所の1つである。

解放された捕虜たちは、橋の上で南北どちら側に行くかを決めなければならず、一度選択すると、もう二度と後戻りすることは許されない。

ガイドさんは、「この朝鮮戦争は、ソビエト連邦とアメリカ合衆国の喧嘩《けんか》を我々民族に代わりにさせているんだ」と感情的に話していた。

僕のおじいちゃんとおばあちゃんも、境界線のために苦しい思いをしていることを思うと切なくなった。

ザ・フォーク・クルセダーズの『イムジン河』の歌にもあるが、鳥は自由に行き来できるのに、人はなぜ自由に行き来することができないのか。

この日ほど痛感したことはない。

『誰が祖国を分けてしまったのか?』

北朝鮮編

韓国から帰国して約2カ月後。人生初となる朝鮮民主主義人民共和国（以下・北朝鮮）行きを決行することにした。

ちなみに、本来は「北朝鮮」という国名はなく、「朝鮮」と呼ぶべきではあるが、本書において「朝鮮」は、南北分断以前の朝鮮を意味しているため、日本では通称となっている「北朝鮮」と表記する。

個人で北朝鮮に行く場合、北朝鮮旅行専門の旅行代理店に申し込みをするのが一般的だ。そうすれば、中国の北京《ペキン》から飛行機で北朝鮮・平壌《ピョンヤン》に行くことができるのだが、中国の丹東《タントン》から列車で平壌に行きたかったので、僕の場合は中国の旅行会社に北朝鮮旅行を申し込んだ。

列車で北朝鮮に行くことに特別な理由はなく、強いて言えば飛行機より列車で行くほうが面白そうだからだ。

関西国際空港から中国の大連《ダーリエン》に行き、大連からバスに乗って丹東に向かう。大連から丹東まではバスで4時間くらい。めちゃくちゃ遠く感じた。現在は高速鉄道が通っているので気軽に行けるようになっている。

夕方に到着し、丹東で1泊する。

丹東は、鴨緑江《おうりょくこう》を挟んで北朝鮮と接する街で、漢族や満洲族など、多くの民族が住んでいる。朝鮮族も多く住んでおり、街には至る所にハングルで表記された看板や標識が掲げられ、朝鮮料理（韓国料理）の店もたくさんある。また、朝鮮族の児童学校もあり、朝鮮文化は丹東の街を少し歩くだけでも感じ取ることができる。

せっかく丹東に来たので、鴨緑江沿いを散歩することにした。

国境沿いということもあり、北朝鮮の国旗やお土産屋さんもたくさん目にする。想像以上に朝鮮料理店があちこちにあり、僕は夜ご飯のお店選びに迷っていた。

しばらく探し歩いていると、朝鮮料理と日本料理の両方を提供している飲食店を発見。気になったので店に入った。

店は夫婦で営んでおり、店主は漢族の方で、奥さんは日本人だった。また、そこで働いている料理人は朝鮮族の方で、朝鮮料理と日本料理の他に、中華料理も提供しているなかなか面白い店だった。

こんな機会は滅多にないので、冷麺、天ぷら、炒飯《チャーハン》と、3カ国の各料理を1品ずつ頼んだ。

変則的な頼み方をした客が珍しかったらしく、恰幅《かっぷく》のいい坊主頭の王《ワン》さん（店主）が話しかけてきた。しかし、僕に中国語ができるはずもなく、かおりさん（王さんの奥さん）に助けを求めた。

王さんがかおりさんに伝え、かおりさんが僕に言う。

「1人でたくさん食べるんですね。観光で来たんですか？」

韓国から板門店に行ったことを伝え、次は北朝鮮から板門店に行くことを伝えた。

机の上に置いていた書類の中に僕のパスポートを見た王さんは、不思議そうな表情を浮かべ、再度かおりさんに長々と何かを伝えた。

「日本語なので日本人だと思いました。韓国人なんですね。韓国人なのにどうやって朝鮮に入国するんですか？」

僕は、在日コリアンについて説明した。韓国生まれの韓国人は、原則として北朝鮮に行くことはできない。行けるとすれば、離散家族の再会事業の取り組みをしたり、民間レベルでの交流を希望したりすると、厳しい制限はあるものの、南北間の承認が下りれば、韓国人は北朝鮮に行くことができる。

在日コリアンの場合は日本で生まれているため、韓国国籍を取得しても、韓国政府が発行する住民登録番号がないので、北朝鮮は在日コリアンを在外同胞として受け入れ、入国することができる。

韓国生まれの韓国人が板門店に行くことは原則できないが、在日コリアンは在外同胞として、国連軍の招待客として行くことが可能であるのと似ている。

どちらにせよ、一般的に在日コリアンは、韓国国民でもなければ、北朝鮮国民でもないという扱いを受けるのだ。

すると、店の料理人である朝鮮族の李《リー》さんも興味を持ったようで、王さんと李さんは、そもそもなぜ板門店に行くのかを僕に問うた。

僕は、ウトロのことやいじめ（民族差別）を受けていたこと、そして現在、アイデンティティの葛藤に苦しんでいることを話し、その答えを探すためにルーツを巡っていることを伝えた。

王さんは真剣な眼差しで言った。

「素晴らしい。あなたが探し求める答えや居場所がこの旅で見つかるのかは分かりませんが、とにかく行動してみることは本当に素晴らしいことです。私の友達に朝鮮の人はたくさんいるし、朝鮮族もたくさんいます。丹東に戻ってきたら、もう1度この店に来て話を聞かせてください。歓迎します」

丹東に戻る日時を伝え、必ずまた店に来ることを約束し、その日はホテルに戻った。

翌日の朝。待ち合わせの場所である丹東駅で旅行会社の方とツアーの参加者と合流。北朝鮮のビザと列車のチケットを受け取り、丹東駅で出国審査を経て出発した。

10分ちょっとで新義州《シニジュ》駅に到着。ここで入国の手続きや荷物検査がある。

全ての国籍の人が同じなのかどうかは分からないが、僕が知る限りでは、日本人や韓国国籍の在日コリアンは、入国の際に北朝鮮ビザに入国のスタンプが押され、パスポート自体にはスタンプは押されない。なのでパスポートには北朝鮮に行った形跡は全く残らない。

全ての乗客の入国手続きを終え、列車は平壌に向けて再び走りだす。ちなみに、平壌までは約10時間だ。

車窓から北朝鮮の風景を眺める。

『これが朝鮮半島の北側なんか』

韓国では板門店に向けて高速バスに乗って北上したが、今回は列車に乗って南下している。南も北も、都市部から離れていると風景はあまり変わらない。

疲れが溜《た》まっているのか眠ってしまった。途中で目が覚めたが、そのまま二度寝、三度寝をしてしまい、しっかり起きた頃には平壌駅に着く目前だった。風景を見たかったのに勿体《もったい》ない。

平壌駅に到着した。

到着してまず驚いたことは、初めて韓国に行った時の気持ちが蘇《よみがえ》ったことだ。初めて来た気がしない。人は昔から知っている気がするし、文字も言葉もどこか懐かしさを感じる。

僕の曽《ひい》ばあちゃんは平壌出身だ。この平壌の地で、曽ばあちゃんは呼吸をしていたと思うだけで感慨深いものがある。

ここで北朝鮮のガイドさんと合流する。北朝鮮に行くと、基本的にはガイドさんと行動を共にする。そのため、希望の場所を事前に伝えておく必要がある。

3日間かけて万景台《マンギョンデ》、金日成《キムイルソン》広場、主体《チュチェ》思想塔、万寿台《マンスデ》大記念碑、祖国統一3大憲章記念塔、白頭山《ペクトゥサン》などを周り、4日目はいよいよ念願の板門店だ。

ホテルで朝食を済ませ、ロビーでガイドさんと合流し、他の希望者もバスに乗り込んで板門店に向かう。板門店までは平壌から約2時間。

板門店に到着すると、兵士が朝鮮戦争の歴史を教えてくれる。ちなみに、北朝鮮では朝鮮戦争のことを「祖国解放戦争」という。

歴史の勉強を終えると再びバスに乗り、境界線付近まで移動する。ＤＭＺは金網が張り巡らされており、南の国連軍が攻めてきた時のことを想定し、道を塞ぐための仕掛けがあちこちにある。これは南側にも同じようなものがあった。

さて、いよいよ板門店の境界線付近に着く。北側から見る境界線はどんな感じなんだろう。

南側と同様に兵士が案内をしてくれるのだが、南側とは違って兵士は笑顔で案内をしてくれる。南側で感じた緊張感は、北側ではあまり感じない。本当に戦争中なのだろうかと疑ってしまうほどだ。

北側から南側を眺めると『つい2カ月ほど前にあの場所にいたんやな』と不思議に思いながらも、『なんで同じ民族同士が睨み合ってるんやろ?』『なんで自由に行き来できひんのやろ?』と、ただただ疑問に思うしかなかった。

北側の板門店に来て最も印象深かったことは、南側の国連軍は「北は敵だ。敵の脅威から国を守らなければならない」というスタンスだったのに対し、北側の人民軍は「南の同胞のために、自主的に統一しなければならない」というスタンスだったことだ。

南側の韓国人に対しては「敵」というよりは「同じ民族」という認識なのだろう。ただ、アメリカに対してははっきりと「敵」だと言っており、「朝鮮半島から悪魔の思想である資本主義を駆逐することが、朝鮮半島の平和に繋がる」という考えが垣間見えた。

このあたりは、米ソの冷戦が朝鮮半島にもたらした歴史の重さと現在の複雑さを感じる。開城《ケソン》で観光をしてから、また平壌に戻る。この日は1泊し、次の日に列車で丹東に戻る。丹東に向かう列車。車窓から北の大地を眺めながら『いつか北朝鮮で公演をしたい』という気持ちが芽生えた。

予定通り丹東に到着し、その夜、王さんに会いに行く。王さんは僕を歓迎してくれた。王さんの朝鮮族の友達も駆けつけてくれて、お酒を飲みながら旅の話で盛り上がる。

意外といえば意外だし、当たり前といえば当たり前の話なんだが、みんなは北朝鮮の話より、韓国の話に興味を持っていた。

丹東は北朝鮮との国境沿いだ。北朝鮮からも人が当たり前に丹東に来るので、この丹東の街では韓国人のほうが珍しいのだろう。

旅の話が終わると、次の話題は在日コリアンについてだった。

「名前がなぜ2つあるのか?」「国籍はどうなっているのか?」など。

そんな質問に答えていると、王さんが言う。

「せっかく南も北も両方行って、この丹東の朝鮮族にも会ったんですから、サハリンの朝鮮人にも会いに行ってみてはどうですか?」

僕は、サハリンの場所すら分からなかった。

サハリンに住む朝鮮人の存在を教えてもらったので、イレギュラーではあるが、サハリンに行くことにした。

金正恩に話しかけられた

時系列は前後するが、サハリンの話の前に、実はこの後にも北朝鮮には公演で2回行ったので、その話をしておこう。2012年4月のことだ。金日成主席生誕100周年を祝う式典に招かれて、平壌学生少年芸術団（通称・ピョンコマ）の前で10分、ジャグリングを披露した。

多分、北と南で両方、公演を行った在日コリアンのアーティストはそんなにいないのではないだろうか。

ピョンコマは「平壌の小さな子ども」というような意味で、歌や踊りや楽器におけるえり抜きの才能が育成されている集団である。当然ながら、芸術的レベルは尋常でなく高い（ちなみに、ピョンコマは過去に日本での公演も行っている）。

普通はピョンコマたちの舞台を僕が見る側であるはずなのに、ピョンコマたちが僕の舞台を見るなんて前代未聞である。

さて、どこの国でもやることは同じ、と言いたいが、1つだけ注文を付けられた。北朝鮮の国内では、アメリカの楽曲、英語の詞を流すことは基本的に禁止なのだ。もちろん劇場もだ。

僕の演目の中では、ディアボロをやる時に「Garden Eden - Lemon Tree」をBGMで使っていたのだが、事前の打ち合わせで、代わりに芸術団のオリジナル曲を使ってほしいと担当の人に申し訳なさそうに言われた。担当の人は「何なら、子どもたちが即興で演奏しますよ」と言ってくれたが、そうなると僕のパフォーマンスを子どもたちが見られなくなってしまうので、本末転倒だ。郷に入っては郷に従え。代案のオリジナルの曲をいくつか聞かせてもらった中で、アップテンポで起伏のある曲を選び、構成に組み込んだ。

いざ、本番。会場となった国立劇場は、オペラもできる大きなハコで、ピョンコマは、皆、僕のジャグリングを目を輝かせて見てくれた。パフォーマンスが終わると、子どもたちが喜びながら駆け寄って来てくれた。どうやらほとんどの子がヨーヨーを知らなかったようで、その説明をしたりしていた。

会場には、2010年にモンテカルロでの国際サーカスフェスティバルで知り合った平壌サーカス団の団長も来ていて、冗談か本気か分からないが、「うちのサーカスでジャグラーを育成したいから、コーチ役として平壌に住みませんか」と言われた。それは丁寧にお断りをした。

公演が終わった翌日、平壌で在日コリアンの人がプロデュースしている食堂で懇親会が開かれた。前のテーブルに座ったガイドさんや労働党の幹部の人から、「あなた、ジャグラーでしょ？　映像で見ましたよ」と声をかけられた。ガイドさんや労働党幹部の間で僕のパフォーマンス動画が出回っているらしい。

「また平壌でやって下さい」と席上で言って頂いた。

そして同年10月、中国の仲介業者を通じて再び平壌で公演を行った。この時も大成功で30分のパフォーマンスを終えることができたが、ここで意外な人に出会った。下手の袖に引っ込んだら労働党幹部の方がいて、ついてくるように言われた。

脇にある応接室に招かれて、数分後、なんと、金正日総書記の三男で次期党委員長の金《キム》正恩《ジョンウン》氏が現れた。第3代最高指導者だ。

『えっ!?』いきなりの登場。その時の感想は、マイケル・ジャクソンの時と同じく、『ほんまに実在するんや……』。

そして、話しかけられた。

「我が同胞よ！」「民族の宝よ！」と、僕はそんな言葉をてっきり予想していたら、発せられたのは、「ああいう技は、私にもできるようになるものなんですか?」というものだった。

僕は「はい。毎日こつこつ練習をすれば、必ずできるようになりますよ」と答えた。

最後は握手をして別れた。その間、30秒ほどだった。

サハリン編

サハリン行きの話に戻ろう。日本に帰国し、数週間後にロシア・ユジノサハリンスクに飛んだ。そこからサハリン(樺太《からふと》)に行くためだ。

サハリンの存在を知って間もないので、サハリンについては何も知らない。とにかくサハリンの街を歩き、朝鮮人を探し歩くことにした。

ちなみに、サハリン(樺太)に住む朝鮮人は、在樺《ざいか》コリアン、在樺朝鮮人、在樺韓国人、韓人など様々な呼び方があるが、本書では、朝鮮半島分断以前、南部の出身の方がほとんどということで、韓人と記述する。

さて、サハリンに来て最初に驚いたのが、とにかく日本車が多いことだ。ほとんどの車が右ハンドルの日本車。おそらく中古車が流通しているのだろう。ただ、右側通行に対して右ハンドルなので不思議な光景だった（不便そう）。

お昼にサハリンに到着したが、韓人らしき人は全く見当たらず、気づけば4時間近くも探し歩いていた。自分の忍耐強さにもびっくりだが、朝から何も食べておらず、さすがに空腹と疲れでカフェで休憩することにした。

ロシア語が全く読めないので、とりあえずコーヒー（あまり好きではない）を注文。

カフェ2階の窓際で、サハリンの街を何となく眺めていると、目に馴染《なじ》みのある光景が飛び込んできた。

カフェの向かい側の建物の一室で、チマチョゴリを着た女性たちが朝鮮舞踊を踊っている姿が見えたのだ。

ひと口だけ飲んだコーヒーを残し、急いで建物に向かった。

建物に入ると、耳に馴染みのある朝鮮の音楽が聴こえた。女性たちがいる部屋に向かう。窓から女性たちが朝鮮舞踊を華麗に踊る姿が見えた（今思えば不法侵入＋覗《のぞ》きだ）。

しばらく踊りを見ていると、後ろから誰かにロシア語で声をかけられる。

「ノルテシニナ」

驚いて振り返ると、見た目は東アジア系で髪の毛クルクルのどこか懐かしさを感じるおばあちゃんが立っていた。

『ロシア語なんてスパシーバ（ありがとう）しか知らない』

挙動不審でおどおどしていると、おばあちゃんはウリマルで再び僕に言う。

「モヘ？（何してんの？）」

急にウリマルになって驚いたが、僕もウリマルで返した。

「チョヌンオヌル、イルボンエソワッソヨ。ウヨニ　チョソンムヨンイヌネトゥロワソ……（僕は今日、日本から来ました。たまたま朝鮮舞踊が目に入って……）」

すると、おばあちゃんは僕の目をジーッと見つめながら日本語で言う。

「あんた在日なんか」

驚いた。ロシア語からウリマルになり、次はウリマルから日本語になった。しかも関西弁。それに信じられないほど流暢《りゅうちょう》だ。聞くところによると、昔大阪に住んでいたらしい。

おばあちゃんにサハリンに来た理由を説明し、なぜ女性たちはここで朝鮮舞踊を踊っているのかを聞いた。

翌日に韓人が集まるイベントがあるらしく、この朝鮮舞踊は、そのイベントで発表するために練習しているとのことだった。また、建物の別の階では合唱や楽器も練習しているらしい。

おばあちゃんは言う。

「あんたせっかく日本から来たんやったら、明日イベントに来たらええやん」

不思議だ。朝鮮人同士が、ロシアで、日本語で話している。しかも関西弁でだ。この摩《ま》訶《か》不思議な状況に僕は戸惑いを隠せなかった。

そんな戸惑う僕を尻目に、おばあちゃんは言う。

「ところであんた、今日はどこ泊まんの？」

実はサハリンに来てから宿泊場所を探そうと思っていたので、この時点では宿泊場所は決まっていなかった。

おばあちゃんは笑みを浮かべながら言う。

「そうなんや！　じゃうち泊まったらええやん！　遠慮せんでええねんで！」

ホテルに泊まるより絶対にこっちのほうが面白そうだ。何よりこの出会いに運命的なものを感じたので、お言葉に甘えて泊めて頂くことにした。

朴《パク》ハルモニの家は、韓人が多く住んでいるマンションで、大多数の住人も翌日のイベントに参加するとのことだ。

家に入るなり「ご飯食べた？」と聞かれる。サハリンに着いて口にしたのはコーヒーひと口だけだったので、とてつもなくお腹が空いていた。

「マニペゴッパヨ（めっちゃお腹空きました）」

ウリマルで言うと、朴ハルモニは「朝鮮語上手やな。分かった。いっぱい作ったるわ」

と、嬉《うれ》しそうに言うのであった。

テーブルにはたくさんの朝鮮料理が並んだ。

ひと口目にキムチを食べて、身体に大量の電気が走るほどの衝撃を覚えた。僕のおばあちゃんが作るキムチの味と凄く似ているのだ。

口に入れた時の甘さと、その直後に追いかけてくる辛さ。そして最後に行き着く甘さと辛さが交わる後味まで、最初から最後まで僕のおばあちゃんの作るキムチと酷似していた。

あまりにも懐かしい味に食が進む。

そんな美味しそうに食べる僕の姿を、朴ハルモニは我が子を見るように微笑みながら静かに見つめていた。

ひと通りの料理に箸をつけると、朴ハルモニは「味どうや？　美味しいか？」と聞く。

僕は美味しいという気持ちを一生懸命に伝える。

完食すると「ほな片付けるからシャワー浴び」と言って、朴ハルモニは皿洗いを始めた。

手伝おうとすると、「男は台所立ったらあかん」と怒られた。

シャワーを浴びながら考える。

韓国も、念願の北朝鮮にも行った。丹東の朝鮮族にも会えたし、イレギュラーではあるが、こうして韓人にも会うことができた。しかし、旅の目的であったはずの自分が探し求めている答えのようなものは全く見出せずにいた。

シャワーから上がると、テーブルには皿に盛られた林檎《りんご》が置かれていた。朴ハルモニと一緒に食べながら、僕は質問した。

「もしよかったら、なんでサハリンにいるのか教えてくれませんか？」

ほんの一瞬、朴ハルモニは曇った表情を浮かべたが、「ええで」と言って立ち上がった。冷蔵庫からマッコリが入った薬缶を取り出すと、「あんたも飲め」と金属のコップを差し出した。

彼女は、無知な若者に語る。

「日露戦争って知ってるか？　聞いたことくらいはあるやろうけど、日露戦争で日本が勝って、なんやかんやあってサハリン（樺太）の南側は日本の領土になったんや。私はウリナラ（私たちの国＝朝鮮）が日本の植民地時代に日本に渡って旦那と出会ったんやけど、旦那が出稼ぎのためにサハリンに行くことになってついて来たんや。そっから日中戦争やら世界大戦やらで、日本やウリナラからぎょうさん（たくさん）の人がサハリンに送られてきたわ。

で、日本が戦争に負けてやな、その後に日本人の引き揚げが始まって次々と国に帰ってったんやけど、朝鮮人はそん時はもう日本人やないからって省かれたんや。ウリナラが何とかしてくれるんやと思ったけど、後にウリナラが分けられて、私のコヒャン（故郷）は南の地方やって、韓国は反共でロシア（ソ連）と関わり持たへんかったたから帰れへんかったんや。そやからサハリンで生きるしかなかったんや」

想像を絶する時代の話だ。

日本が敗戦する数日前、ソ連は北緯50度線を越えて南サハリンへ侵攻した。戦闘はポツダム宣言受諾後の8月15日を経過しても続いた。南サハリンは全土で大混乱に陥った。そんな大混乱の中で「朝鮮人はソ連のスパイだ」「朝鮮人が日本人に復讐《ふくしゅう》している」そんな噂《うわさ》も流れ、朝鮮人虐殺事件（瑞穂《みずほ》事件・上敷香《かみしすか》事件）も起こった。

そんな状況下で、朴ハルモニの夫は「樺太の戦い」と呼ばれる戦闘で、民間人でありながら犠牲になった。夫は日本人だった。

「子どもが欲しかったんやけど。でも、あんな地獄のような時代に子どもなんて……何回もあの人の後を追って死のうと思ったんやけど、親を亡くした子どもたちもいてな……だから、せめて子どもたちのために生きようと思って……」

彼女は涙を流しながら自分の過去を語ってくれた。

僕は、朴ハルモニに国や故郷について聞いた。

「ハルモニは、韓国についてどう思ってるんですか？　故郷に帰りたいと思ってますか？」

すると、朴ハルモニは少し怒った口調で言う。

「韓国という国が私たちに何をしてくれたんや！」

朴ハルモニのこの言葉には、僕のおばあちゃんの「お前！　南北分断を認めるんか！」と同じぐらいの怒りの熱量を感じた。

少しの沈黙の時間が流れ、朴ハルモニは、鼻を啜《すす》って笑顔で言う。

「大きな声出してミアン（ごめん）やで。そらコヒャンに帰りたい気持ちは今でもあるで。でも今はここが私の第三のコヒャンやから。ウリナラ、日本、ロシア。自分のコヒャンが3つもあるなんて素晴らしいと思わへんか？　子どもたちと一緒に歳とって、家族みたいなもんやから、時間はかかったけど、私は今幸せ」

僕は泣くのを我慢していた。それを察したのか、朴ハルモニは両手でパンと音を立てて言う。

「はい！　昔の話はこれで終わり。もう寝よ」

翌日の朝。包丁の音で目が覚める。何だかウトロを思い出す。

食事を済ませ、イベント会場に向かう。

会場に着くと、たくさんの韓人が集まっており、ウリマルとロシア語が飛び交っている。屋台も出ていて、朝鮮料理やロシア料理がずらっと並んでいた。

「せっかくなんやから、舞台前の席に座ってみんなの発表見たらええわ」

朴ハルモニに言われた通り、舞台前の特等席に座る。いよいよ舞台が始まった。

ステージでは、子どもたちの合唱、女性たちの朝鮮舞踊。歌や楽器などが次々と発表された。

ここで、自分に異変が起こる。体が小刻みに震え、気づけば涙が出てきたのだ。

正直、歌や踊りが上手いとは言えない。

というのも、日本の朝鮮学校では、朝鮮の歌や踊りを授業や部活動で行っていて、凄く上手いのだ。

このサハリンにもかつては民族学校があったらしいが、なくなってからは朝鮮人が自発的に集まり、自分たちの歴史や文化を一世や二世が一生懸命に教えたのだという。

在日コリアンと韓人とを比べると（比べること自体はナンセンスだが）、技術的には圧倒的に在日コリアンのほうが上手いはずなのに、なぜか韓人のみんなの発表は僕の胸にグサりと刺さる。

きっと、上手いとか下手とかは関係なく、一世たちが自分たちの歴史や文化を子どもたちに一生懸命に伝え、その純粋な想いが表現と情熱で伝わって来て感動したのだろう。本物のパッションを感じたのだ。

全てのステージ発表が終わり、しばらく席から動くことができなかった。脳みそは完全にキャパオーバーになっており、これ以上何かを吸収すると、頭がおかしくなりそうだった。

動かない僕に、朴ハルモニが近づく。

「せっかくの機会やし、歓迎会してあげるわ。ご飯も用意したし、後であっちの部屋においで」

朴ハルモニは、先に部屋へ入っていった。

数分後、何とか頭と気持ちを整理し、部屋に向かう。

部屋に入ると、10人ほどの韓人たちが僕を歓迎してくれた。そのメンバーの中に、金髪で目は青く、顔立ちは東アジア系の若い女性がいた。女性と目が合い、彼女は「アンニョンハセヨ」とウリマルで挨拶した。

僕が今まで韓国・北朝鮮・丹東で出会ってきたコリアンは、目に馴染みのある東アジア系の人々だった。しかし、ハーフ、ダブル、ミックス、色々な表現があるが、この女性の外見は完全に想定外だった。

彼女に興味を持ち、聞いてみた。

「君、自分でコリアンかロシアンかどっちやと思ってんの?」

この質問をした瞬間、「あっ!」とショックを受けた。

僕は自分がされて嫌な質問を、今まさに彼女にしてしまったのだ。

元々、そういった質問が鬱陶しくて日本を出ようと思ったのに。カテゴライズされることが本当に嫌で日本を出ようと思ったのに。

それがいつしか「自分のルーツを辿る旅」と銘打ち、カッコつけて日本の外に答えを探しに来たが、実は単に逃げただけだったことに気づいた。

今まで質問をされることによってたくさん悩み、そして傷ついてきた。しかし、同時に自分自身が分からないことにも苛立っていた。質問者に対しての怒りというより、分からない自分に怒っていたことに気づいた。

その分からない自分の問題を人のせいにして正当化してきたんだ。僕はなんて卑怯《ひきょう》な人間だ。

カテゴライズされることが嫌なのに、自分も他者をカテゴライズしようとしていたんだ。

僕は反省してばっかりだ。

失敬と失態の繰り返しだ。

するど、彼女は僕の問いに答えてくれた。

「ロシア人だよ。でも、コリアンの血も入ってるからコリアンなのかもね」

昨晩の朴ハルモニと、今の彼女の発言に何か大きなヒントを得た。

僕は今まで「金《キム》」と「岡本《おかもと》」どっちが本当の自分の名前なんだろうと考えていた。自分自身をどっちかに当て嵌《は》めようとしていた。

僕は今まで「日本」「韓国」「北朝鮮」結局のところ、どこが本当の自分の国なんだろうと考えていた。

でも、なんか馬鹿馬鹿しくなった。

別に自分の名前が2つあってもいいじゃないか。別に自分の国が2つや3つあってもいいじゃないか。

ある人から見れば僕は「金」で、ある人から見れば僕は「岡本」なんだ。ある人から見れば僕は日本人で、ある人から見れば僕は韓国人で、ある人から見れば僕は北朝鮮人なんだ。それが正解かは僕にも分からない。でも、誰も決して不正解ではないんだ。

「毎日キムチを食べてるんですか?」という質問に対しても、一方的に怒るのではなく
「毎日は食べてへんけど、よかったら今度一緒に食べへん? 美味しいキムチの店知って

んねん」とそんなひと言を言える余裕が僕にあればよかったんじゃないか。

ようやく腑《ふ》に落ちた。

日本に帰ろう。

そんなサハリンからの帰国を前にし、おかんからメールが届いた。

「ハラボジが亡くなった」

ディアボロ・ハイトス

5・僕の「役割」

ハラボジの遺言

２００７年冬。おじいちゃんが癌《がん》で亡くなった。

癌が発覚し、余命宣告をされていたことは知っていたので、訃報を聞いた時は驚きというよりも『ついにこの時が来たんか』という心境だった。日本に向かう飛行機の中で、彼はどんな人生だったのかを考えた。

おじいちゃんは、１９２９年に朝鮮半島南部の建築業一家に生まれた。シルム（朝鮮相撲）がとても強く、地域のシルムの大会では同年代に負けないほどの怪力少年だったらしい。

１９４３年。軍事飛行場建設に従事する父と共に日本に渡るも、２年後には日本の敗戦によって工事は中止。工事従事者は職を失い、行く当てがなく、どうすることもできない人たちはしばらくその土地に留まることとなる。間もなくおじいちゃんの父親は他界する。動機は不明だが、自殺だったらしい。

何とか故郷へ帰ろうとするも、３年後、朝鮮半島はソ連とアメリカによって北緯38度線を引かれ南北に分断。おじいちゃんの兄と弟は南北に引き裂かれることとなる。

南北統一を望むも、後に朝鮮民主主義人民共和国と大韓民国が建国され、その2年後には朝鮮半島の思想・利権を巡って、北朝鮮・中国とアメリカを中心とした国連軍との間で朝鮮戦争が勃発。そのさらに3年後、北朝鮮・中国と国連軍との間で休戦協定が結ばれ、朝鮮半島は軍事境界線を引かれ、分断の長期化は決定的となる。

おじいちゃんは言っていた。

「朝鮮半島はすぐに統一すると思った」

「朝鮮戦争はすぐに終わると思った」

「また兄弟と一緒に暮らせると思った」

しかし、現実は想像以上に厳しかった。

第二次世界大戦・南北分断・離散家族・朝鮮戦争・休戦。歴史に翻弄された人生だったろう。

飛行機が日本に到着する直前、僕は昔おじいちゃんがこんなことを言っていたのを思い出した。1995年。戦後50年を記念する特番を見ていた時のことだ。

「ふん。戦後とか抜かしとるけど、朝鮮戦争はまだ終わってへんやろ。まだあの戦争の尾は引いとるんや。どいつもこいつも戦争を終わったことにしやがって。戦争反対？　アホらしい。朝鮮戦争のおかげで豊かになったこの国が、戦争反対なんて言う資格あるんやろか」

おじいちゃんにしては珍しい発言だった。僕には全く想像できない時代を生きていたんだなと思った。

帰国し、葬儀に間に合った。

高校卒業以来、ジャグリングに一生懸命になるがあまり、おじいちゃんとおばあちゃんに会うのはこれが初めてだ。

おばあちゃんは、久しぶりに見る孫の姿に、少し不機嫌な顔をしながらも嬉《うれ》しそうに言う。

「久しぶりやな。なんで少しくらい顔出せへんのや。ジャグジー（いつも間違う）は頑張ってるんか。それでちゃんとご飯食べれてるんか。忙しいのは分かるけど、たまには顔出しや。ハラボジな、死ぬまであんたのこと心配してたんやで」

家族とのコミュニケーションが疎《おろそ》かになっていた僕は、会いに行かなければとは思うものの、時間が経つにつれて会いに行くに行けなくなり、何かの機会を待っているうちに数年経ってしまった。機会を言い訳にしていた自分が本当に情けなく、まさかこんな形で再会するなんて本当に申し訳ない気持ちで胸が張り裂けそうだった。

棺を覗《のぞ》くと、おじいちゃんが永遠の眠りについていた。

『これが最後に見るハラボジの姿なんやな』

しっかり目に焼き付け、ほどなくして棺に蓋をして釘《くぎ》を打つ。

小学生の夏休み、僕は工作の宿題でピンボールを作ることにした。その時、危ないからと言って、おじいちゃんが板に釘を打つ手伝いをしてくれた。その音が頭の中で重なって涙が溢《あふ》れ出た。

火葬場に着き、棺が火葬炉に入る。僕たちはハラボジに最後のお別れをした。

骨上げも終わって立ち尽くしていると、おばあちゃんが声をかける。

「ちょっと時間あるか？」

断る理由なんてもちろんなく、むしろ久しぶりに会うおばあちゃんに対してどう接していいか分からなかったので、声をかけてもらって嬉しかった。ここでも僕は機会を待ってばかりだ。

近くの喫茶店に入り向かい合う。

「何食べるんや？　飲むもんはクリームソーダでええか？」

喫茶店で僕が頼む物はいつもホットケーキとクリームソーダだった。おばあちゃんにとっては、僕の好みは中学生くらいで時が止まっている。僕はリンゴジュースだけを頼んだ。

おばあちゃんが本題に入る。

「実は癌が発覚した時、ハラボジは日本国籍取りに行ったんやで。だからあの人、国籍上は日本人として死んだんやで」

衝撃で言葉が出なかった。そんな僕の気持ちを察してか、おばあちゃんはそれ以上話しかけてこようとはせず、僕は僕で沈黙を少しでも誤魔化そうと、目の前のリンゴジュースを一定の間を置きながら飲んで時間を稼いだ。気持ちをどう処理していいか分からなかった。

リンゴジュースがなくなって、これ以上は時間を稼ぐことができず口を開いた。

「え、意味分からへん。なんでなん？」

おばあちゃんは少し間を取り、大きく肩で息をして言う。

「よう分からへんけど、多分あんたのために日本国籍取ったんやと思うわ。あんた、名前と国籍で悩んでたんやろ。あの人、理由は言うてくれへんかったけど、ずっとあんたのことを心配してたしな」

たぶん、おばあちゃんの言う通りなんだろう。僕が名前と国籍で悩んでいることを、おかんを通じて知って、言葉ではなく、最後は行動で何か伝えようとしたのではないだろうか。

おじいちゃんの性格を考えた。「国籍変わってもな、人間の中身までは変わらへんねん」

という発言と、今回の行動には一貫性がある。

それが、彼にとっての僕への最後の「教え」であり、自分自身への人生の「けじめ」だったのかもしれない。

リンゴジュースを飲み終え、帰り間際におばあちゃんが言う。

「あと、あんたに最後に伝えてほしいことがあるって言うてたで」

自然と背筋が伸び、真剣にその言葉を聞く。

「死に方を問うな。生き方を問え」

直接聞くことはできなかったが、それがおじいちゃんが最期に残した僕への言葉だった。

パフォーマーの苦しみ

アイデンティティの葛藤で苦しんでいた時期と被るのだが、せっかくの機会なのでパフォーマーとして苦しんだことも書こうと思う。

2002年9月。東京都は「ヘブンアーティスト」という文化事業を開始した。ヘブンアーティストとは、東京都が実施する審査会に合格したアーティスト（パフォーマーやミュージシャン）にライセンスを発行し、東京都が指定した駅や公園などの場所でライブ活動を認める制度だ。

そもそも路上での大道芸や音楽活動は、道路交通法等の規制があり、警察署や自治体に許可を得る必要がある。

そのため、当時、この東京都のヘブンアーティストという日本初の試みは画期的なものだった。

僕がヘブンアーティストの存在を知ったのは「大道芸ワールドカップ in 静岡２００３」で先輩パフォーマーから教えてもらったのがきっかけだった。

高校卒業後に主に海外で活動することにした理由が、実はこのヘブンアーティストの制度を知ったからだ。

これは、ヘブンアーティストの制度を否定、批判するわけでは決してないのだが、高校3年生の時にその制度を知って、『パフォーマーが苦しくなる時代がすぐ到来するだろう』と悟った。

なぜかというと、この制度にヒントを得た自治体などが町興しなどの一環で、パフォーマーに場所だけを提供し、出演料を支払わない代わりに投げ銭を取ることを許可するといった条件を突きつける事例が多発するのではないかと思ったからだ。

さらに、パフォーマーに依頼をする側の間でもその考えが蔓延《まんえん》すると、出演料の相場自体が下がったり、最悪の場合は、投げ銭のみの条件を突きつけてくるのは目に見えていたので、早めに対処すべく、卒業後は海外をメインに活動しようと準備をしていた。

実際、業界全体で2005年半ばからは、出演依頼の内容が「出演料は発生しませんが、投げ銭はOKです」というものや、「出演料は5万円までしか出せない」というものもあった（すでに相場が下がり始めていた）。こちらは仕事が減って困っていたので、仕方なくその金額で引き受けると、後から「2万円で来てくれる人が見つかったのでキャンセルでお願いします」と一方的に言われたり、挙げ句には「ボランティアでお願いします」という依頼まで来た。

この負のスパイラルから脱却するべく、リスクはめちゃくちゃ高いが、2010年代を見据えて自分のパフォーマーとしてのブランド価値を高めることにした。

とりあえず理不尽な依頼を排除するため、2005年末、条件によって変動はあるものの、自分のホームページに「出演料10万円から（30分のジャグリングショー）」と出演料を堂々と公表した（2009年まで）。これであまりに非常識な連絡は来ないだろうと思ったが、向こうもダメ元で、条件を無視した依頼は絶えなかった。

また、出演料は発生するが、出演料の値下げ交渉を持ちかけられるパターンもある。僕は、値下げ交渉には一切応じないと決めていた。不思議なもので、これらを1年ほど頑固にやり続けた結果、問い合わせの数は減るものの、最初から正規の出演料を提示した依頼しか来なくなった。

こんなことを言うと、お金のことしか考えていない傲慢な人だという印象を受けるかもしれないが、お金に執着をしているわけではなく、「誰でもいいからパフォーマーを呼びたい」という人よりも「パフォーマーならこの人を呼びたい」という人と仕事をすることが目的だった。本来多様なパフォーマーがひと括りにされてしまうことや、値崩れをさせてしまうことで自分たちの価値まで下げてしまうことを恐れたのだ。

この芸歴5年未満の時期は特に大事な時期で、安請合いをしてしまうと、依頼者や業界内で「あの人は高い出演料を設定しているけど、交渉すればもう少し安く仕事を引き受けてくれる」という噂《うわさ》が回ってしまう。

ただ、芸歴5年となる2007年は本当に辛かった。4カ月間も仕事が全くない時期があり、その年の年収なんて100万円を切っていた。

当時、業界全体で営業が減ったり相場が下がったりしていた。とは言え、それでも臨機応変に収入を得ている同業者と4カ月間無収入の自分を比べると、さすがにブレそうになる。

出演料の設定を半分にしてでも仕事を得ようかと何度も何度も葛藤したが、そこはグッと我慢して、正規の出演料を払って頂ける方のために、10万円以上のパフォーマンスを提供できるよう必死に練習をしていた。

『いつか絶対に僕の時代が来る！』

それだけを信じていた。

そんなある日のこと、おかんと仕事の話をする機会があり、凄くいいアドバイスを貰《もら》った。

「あんたのやってることは、品質の良さに気づいて買ってくれる人を待ってるだけやで。なかなか売れへんってことは、売り方が下手か、単に10万円の価値がないかやで。あんたが自分のパフォーマンスに10万円の価値があるって自信があるんやったら、もっと売れる工夫をしなさい」

なるほど。確かに今まで受け身になりすぎていた。ブランディングに力を入れすぎて、不特定多数の人に知ってもらう宣伝広告や、特定の人に知ってもらうマーケティングを怠っていた。

というわけで、自分のプロモーションビデオを収録したＤＶＤを作り、営業でパフォーマンスを見て頂いた方に非売品としてプレゼントすることにした。

紙ジャケットで、表面はキャラクターとロゴ。裏面にはプロフィールとお問い合わせ用のメールアドレス。これならホームページをわざわざ見なくていいし、僕のパフォーマンスを見て頂いて、本当に価値があると思って頂けたなら、たとえお仕事には繋《つな》がらなくても周りの人に言ったり見せたりするはずだ。

目的は認知してもらうことと、その場にいなかった人にも広めてもらうことだった。口コミはどんな宣伝広告よりも説得力があると思ったからだ。

これが的確にヒットし、2007年の営業数が8本だったのに対し、2008年は30本を超え、2009年には70本を超えた。

ちなみに僕は2009年に芸名を、現在の平仮名の『ちゃんへん.』に変えている。これにも理由がある。僕はアイデンティティの面で、もう吹っ切れていた。だから、敢えてマージナルマン（越境者）という存在として、読み方は本名のまま、表記は日本の小学生も読みやすい平仮名にしたのだ。その結果、片仮名の時よりも名前を覚えて頂けるようになった。

こんな感じで2000年代の地獄を乗り越え、胸を張って2010年代を迎えることができた。

2010年代に入って早々、心中する覚悟で（と言ってくれた）僕を本気で売ってくれるビジネスパートナーと出会えた。日本各地に映画や舞台を厳選して提供し続けてきた角矢《かくや》恭助さん。彼のおかげで2010年代はパフォーマーとして最高の10年間になった。

本当はもっと書きたいことがいっぱいあるが、これ以上書くとビジネス本みたいになってしまうのと、文字数の問題があるのでこの辺で。

もし需要があれば、僕なりのジャグリング練習法やパフォーマンス論、ショービジネスにおける考えなどを綴《つづ》った本を書こうと思う。

哀しみのハンメ

いきなりではあるが、僕には怒っていることがある。何に怒っているかは後で書くとして、その前におばあちゃんについて書こうと思う。

2017年冬、おばあちゃんが突然亡くなった。病気ではなく老衰だった。

おばあちゃんは、朝鮮の済州島《チェジュとう》で生まれた。

第二次世界大戦中、おばあちゃんは母から「後でオモニも大阪に行くからね」と言われ、それが本当に行く気だったのか、それとも何か行けなくなった理由があったのかは不明だが、母に見送られながら、船に乗って済州島から大阪に行き着いた。

まあ『機動戦士ガンダム』でいうところの「お母様は後から行くの。一緒に行けないだけ。お月様が丸くなる回数が100回になる頃には必ず行くわ」という母の言葉を信じて地球に行ったアルテイシアみたいなものだ。

大阪に到着後、しばらくは済州島から大阪に到着する船を求め、母との再会を心待ちに港に通うが、ある日から済州島と大阪を結ぶ船がなくなり、身寄りのないおばあちゃんは、同胞と共に大阪の鶴橋《つるはし》で身を寄せ合いながら母との再会を望み続けた。

本当に想像を絶する孤独だったろうに。

『オモニはもう大阪に来ているかもしれない』

その可能性を信じて大阪の町を探していると、ある日、同胞から「京都のウトロや東九条という場所にも朝鮮人がたくさんいるらしい」という噂を聞き、おばあちゃんは母を尋ねて京都に行く。

探せど探せど母は見つからない日々を送り、そんな最中に出会ったのがおじいちゃんだった。ひと目惚《ぼ》れ。

家族と離散していること、日本で身寄りがないこと。そんな共通点と共有点が、2人の距離を刹那に縮めたのだろう。

第二次世界大戦が終結。故郷に帰ることもできずに長らく途方に暮れていると、南北分断、朝鮮戦争、休戦。おじいちゃん同様、冷戦の悪夢に苦しめられる。

結局、月が100回丸くなってしまった。

やがて子を授かる（僕の父）。

おばあちゃんはこの時点では『いつかこの子と一緒に故郷へ帰るんや。オモニと再会して、新しい家族と一緒に幸せに暮らすんや』と思っていたらしい。

そんな想いで一生懸命に働きながら、いつの日か故郷に帰っても困らないようにと、自ら息子にウリマルを教育した。

さらに時は流れ、愛する息子は日本で伴侶を持ち、しばらくすると孫も出来た。孫には、幸せが昌《さか》えるようにと願いを込めて「昌幸《チャンヘン》」と名付けた。

しかし、ソウル五輪に盛り上がる1988年、息子が他界。

この瞬間からおばあちゃんは変わり始める。

『この子（僕）のために日本で生きるんや』と。

『いつか故郷に帰る』から『もう故郷には帰らない』へと、遂に割り切ったのだ。

それまで怒ることがほとんどなかった温厚な性格の彼女は、飴《あめ》を捨て去り、鞭《むち》を持つこととなる。

『この地でナメられては絶対にいけない』

戦争が生んだあらゆる厳しい現実に直面し、その身体に染み付いてしまった体験と記憶が彼女をそうさせたんだろう。

全ては、僕に対する愛情だったんだ。


僕には怒っていることがある。

ヘイトスピーチだ。

インターネットの普及によって、在日コリアンに対するヘイトスピーチはネット上に溢れかえっていたが、それが２００８年になると、リアルに街中に出て来た。そしてこの年の12月には、僕の愛する故郷、ウトロへ在特会（＝在日特権を許さない市民の会）が、やってきて街宣をかけたのだ。

彼らは、在日の持つ特別永住資格、生活保護の割合、年金の制度などについて言いがかりをつけて、これらを「在日特権」などと主張していたが、少しでも調べれば、それらは全て数字の詐術や、事実を悪意でねつ造した権利だということが分かる。実際に法務省も国会で「在日特権などというものは存在しない」と明確に答弁している。

しかし、当時はこのデマが拡散され、酷い差別が横行していた。お年寄りたちが暮らすウトロの住宅街で、トラメガを使い「あなたたちの存在自体が反社会的行動、日本から出て行きなさい」と在特会会長（当時）桜井誠が大声で恫喝《どうかつ》する動画がネットに上げられた。

この「ヘイトスピーチ」の問題が出てきたあたりから、僕は日本の方に「ヘイトスピーチについてどう思いますか？　私たちにどうしてほしいですか？」と質問されることが、特に2015年あたりから本当に増えた。

僕は当初、個人的には「ヘイトスピーチ？　どんどんやれば？」というスタンスだった。日本の「ヘイトスピーチ」の映像は、お仕事で海外（主にヨーロッパ）に行っていた時も何度かテレビで目にする機会があった。

映像で切り取られた一部の日本人（外国籍の人もいるかもしれないが）がやっている「ヘイトスピーチ」が色んな国で報道され、その一部の日本人によって日本のイメージが著しく悪化することについては、逆に「日本人がやっているヘイトスピーチに対して、日本人であるあなた自身はどう思うんですか？」と問いたいだけで、かなり冷めた目で見ていた。無関心といえば無関心だ。

ヘイトスピーチは、朝鮮人に対する問題であって、朝鮮人の問題ではないのだ。日本の問題なのだ。

しかしある日、この考えがグラついてしまう出来事があった。

２０１６年の秋頃。僕を含む色んな国の出身のパフォーマーが出演するイベントのためフランスにいた。

リハーサルまでの時間を共演者と共に控え室でリラックスしていると、テレビの報道で日本のヘイトスピーチのデモ行進の映像が流れた。共演者はテレビに注目した。

『あー、またこの話題やってんのかー』と思いながら観終えると、隣に座っていたドイツ人ジャグラーのピーターが少し怒り気味に僕に言う。

「キムって韓国人だけど日本から来てるんだよね？　日本は人種差別や民族差別を容認している国なのかい？」

僕は共演者のみんなに言う。

「確かに日本ではコリアンに対してヘイトスピーチやデモ行進があるけど、それは一部の日本人がやっていることだし僕は特に気にしていないよ」

すると、みんなから批判を受けた。ピーターは熱意をもって言う。

「キム、被害者の君が、『やっているのは一部の日本人だ』と、全体化しないことは素晴らしいと思うよ。でもね、キム１人にとっては部分的な問題でも、僕たちにとっては全体的な問題なんだ。少なくとも僕たちの目には、あのヘイトスピーチはキムを攻撃しているようにしか見えないし、キムの家族や他のコリアン全てを攻撃しているんだ。完全な差別だ。日本の社会があれでいいわけがない」

共演者全員が賛同の拍手をした。

今まで「ヘイトスピーチ」については日本人の問題として完全に割り切っていた。朝鮮民族が標的になっているのに、『自分は気にしない』として当事者意識を持たずにいた。僕自身が気にしていなくても、ヘイトスピーチで辛い思いをしている人たちはいる。日本に住んでいる以上は、国籍を問わず日本の問題、特に人権の問題には関心を持たなければならない。結果的に、僕だって差別の加害者になってしまうかもしれない。だから、当事者意識を持つということが本当に大事なことなんだ。韓国人が日本人に対して行うヘイトも同様で、全てのヘイトに対して僕は反対だ。

ピーターに気づかされたことで、ヘイトスピーチに対する考えが180度変わった。

その数カ月後に、おばあちゃんは亡くなる。

通夜の時、あることを思い出し、だんだんと怒りがこみ上げてきた。

数年前のこと。在特会のみならず、在特会に同調した差別主義者もたくさんいるので、今更誰がとかは言わないが、奴らは僕の目の前でおばあちゃんに言い放ったのだ。

「おい！　キムチ臭えんだよ！　さっさと国に帰れ、このゴキブリ朝鮮人！」

すまない。僕がおかしいのだろうか。分かる人がいたら教えてくれないか。僕には全く分からない。

僕のおばあちゃんは、何か悪いことをしたのだろうか。

聞くところによると、おばあちゃんが済州島から出る時、持ち物は家の鍵と飴が入った缶だけだった。家の鍵を持って出たのは、いつかまた家に帰るつもりだったからなのだろう。

おばあちゃんは、後から来る母と一緒に飴を食べようと、来る日も来る日も空腹を我慢して大切に持っていたらしい。

家族はおろか、母の写真すらなく、終戦後、母を尋ねてアリラン峠を三千里どころか、南北分断やら朝鮮戦争やら、次々と現実を思い知り、母との再会と故郷への帰還を夢見て、『しばらくの間は……』という気持ちで雨風を凌《しの》ぎながら必死に生きた。やがておじいちゃんと結ばれ、子どもに恵まれ、孫にも恵まれた。息子は亡くなり、腹を括ってこの日本で僕のために生きていくこととなった。

家の鍵を死ぬまで首にかけ、約束を果たせなかった自分の母のことを恨むことなく、いつまでも忘れないようにしていたあの女性は、なんであんな奴らにあんなことを言われなければならなかった?

写真すら持っておらず、逢《あ》うことができない母の存在を身近に感じるため、記憶を頼りに母が作っていたキムチの味を一生懸命に再現し、孫に「これオモニの味と一緒やねん」と、顔から口がはみ出るくらい幸せそうに微笑むあの女性は、なんであんな奴らにあんなことを言われなあかんかった?

分かる人がいたら教えてくれないか。僕には全く分からない。

僕のおばあちゃんは、何か悪いことをしたのだろうか。

ヘイトデモの青年

2012年。京都・大久保《おおくぼ》のイオン前で、ヘイトスピーチのデモ行進が行われるという情報をキャッチし、1度この目で実際に見てみようと思い立って友人と現場に向かった。早く到着したので、イオンのフードコートで友人と食事をしながら雑談していると、後ろの席から「朝鮮人」というワードが聞こえた。

振り向くと、分かりやすく旭日旗《きょくじつき》をリュックに突っ込んでいる青年が2人いた。

この青年に興味を持ったので、了解も得ずに青年の隣にドンと座って強めに問いかけた。

「俺、朝鮮人なんやけど、お前らの目的って何なん？」

さっきまで楽しそうに話していた2人の会話はピタッと止まった。ここから口喧嘩《げんか》にでも発展するかと思いきや、青年の1人、池本（仮名）が言う。

「いやー、実は朝鮮人とかそういうのってあんまりよく分かってなくて、終わった後にみんなで飲みに行ったりするのが楽しくて参加してるんですよね」

耳を疑った。そんな理由で？

あまりにも呆《あき》れて彼らに言う。

「お前ら友達おらんのやろ。そんなんやったら俺と友達なって、今度一緒に飲みに行こうや。そんなしょうもない集まりの後に行く飲み会とは比べもんにならんくらいおもろい飲み会を段取りするから」

2人は戸惑っていたが、何か通じるものがあったのか、その場で連絡先を交換し、結局その日の夜に飲み会を開いた。

ここまで来たからにはとことんと思い、韓国人が経営する韓国料理屋を予約し、在日コリアン、ネイティブ韓国人、日本人の8人を集め、出会った池本と三島（仮名）の計10人で飲み会をした。

食べたことがないというキムチや、飲んだことがないというマッコリをパワハラ同然に教え、結局4軒もハシゴをした。

三島はヘロヘロになりながら、「今日が人生で1番楽しいっす」と言った。

それが本当に1番なのか、社交辞令なのかは分からないが、誰だって、自分のルーツに関する食文化などを気に入ってもらえて悪い気はしないだろう。とにかく「楽しい」と言ってくれて僕も嬉しかった。幸せな気分だった。

池本は言う。

「普段はネットで共通の趣味について語ったりしてるんですが、会社でむかつくことがあったりすると、ネットで朝鮮人や障害者の悪口を書いて盛り上がったりしてました」

三島は言う。

「ネットが自分の居場所みたいになってて、たまにストレス発散できる場所を求めてゲーセンに行ったりしてたんですけど、そんな感覚でデモにも参加してました」

彼らの話をひたすらじっくり聞いた。

彼らが言う、友達がいないだとか、居場所がないだとか、楽しいことがないだとか、そういった寂しさのはけ口をネットに求め、特定の民族や障害者に対する誹謗《ひぼう》中傷で盛り上がったり、実際にヘイトスピーチのデモに参加して、ストレスを発散することは、行動はもちろん否定するが、辛い気持ちは理解できなくはない。

僕だって、逆の立場であれば同じ気持ちになるかもしれないからだ。

そういった人たちが、自分の持っている素晴らしいパワーを社会のために最大限に活かせる環境作りが、今の時代には大事なんじゃないかなと思う。

それからというもの、彼らは「今日は韓国料理屋に行きました」「今日行った店のホルモン美味いです」「このメーカーのマッコリ美味いです」「K－POP最高！」など、変わるにもほどがあるが、「あなたが人生を変えてくれた」とまで言ってくれる。

でも、僕は自分が彼らの人生を変えたとは全く思っていない。確かにきっかけは与えたのかもしれない。が、結局その人自身が選択し、行動しないと何も変わらないのだ。

だから、2人の人生を変えたのは、僕ではなく、あくまで彼ら自身の選択と行動の結果なんだ。

日々に張りがあれば、人生は大きく変わるのだから。

学校の講演会で

２００４年４月から主に海外で活動していたが、ジャグリングを始めて10年というタイミングもあって、２０１０年代から主に日本で活動しようと考えた。その準備期間として２００９年４月からは日本での仕事の幅をさらに広げるために色々な計画を立てた。

前述したように、芸名を「ちゃんへん.」に変更したのも、このタイミングだ。

ありがたいことに、仕事をたくさん頂けるようになり、東京ディズニーリゾートにあるイクスピアリとユニバーサル・シティウォーク大阪の両娯楽施設の公認パフォーマーとして定期的に出演もさせてもらえることになった。

そんなある日、パフォーマー業界的には少し珍しい依頼が舞い込んできた。

「講演会」だった。

小学校の芸術鑑賞会や中学校や高校の文化祭等でのパフォーマンスのお仕事は何度か経験があったものの、生徒たちの前で講演会をするということは初めての体験だった。

正直、最初は全く乗り気ではなかった。講演会に興味がないわけではなく、純粋に『僕の話なんて需要がない』と思ったからだ。

一応、何事も経験ということでそのお仕事を引き受けた。

担当の先生からは「話の内容は任せます」とのことだったので（これはこれで困るのだが）、最初にジャグリングパフォーマンスをした後に、講演会では生い立ちから話し、どのようにしてジャグリングに出会い、なぜジャグリングを続けるのか、という構成で話すことにした。

２００９年６月。人生初の講演会は奈良《なら》県の公立高校だった。

学校行事における芸術鑑賞会や文化祭の枠でパフォーマーが呼ばれることはあっても、人権学習の枠で呼ばれるなんて今でも珍しいかもしれない。

本番を迎え生徒たちの前に立つ。最初はジャグリングパフォーマンス。この段階では、授業の趣旨は違えど芸術鑑賞会と何ら変わらず、いつも通り演技を行う。

当時、日本では音楽に合わせたジャグリングパフォーマンスを見る機会が、決して多いとは言えない時代（今でもかな？）ということもあり、開始直後から大歓声だった。

と、ここまでは腐っても本業なので想定内。問題はパフォーマンスが終わった後の講演会だ。ここからは急降下するだろうと思っていた。それくらい生徒たちは僕の話なんて期待はしていないと思っていた。

ジャグリングパフォーマンスが終わって講演会に移る。探り探りで話を始めた。この本で書いたような小学生時代の話を掻《か》い摘まんで話す。

序盤は生徒たちの反応を見て『まあこんなもんやろ』と思っていたが、いじめの話のくだりで、おかんの「素敵な夢持ってる子はな、いじめなんてせえへんのや」や、曽ばあちゃんの「ガンバれるものでイチバンになりなさい」の話になると、ラフな感じで話を聞いていた生徒たちの聞く姿勢が少しずつ変わり始めた。

特に夢のために国籍を変える話の流れで、おばあちゃんとおかんのやりとりや、おじいちゃんの「国籍変わってもな、人間の中身までは変わらへんねん」という話には真剣な眼差しになり、中には泣いている子もいた。

講演を終えると、僕が想定していた結果と全く逆で、その後の反響も大きく、学校からの講演依頼が増えていった。

気づけば、1年目は10件にも満たなかった講演数が、2年目は約30件、3年目は約70件で、4年目はついに100件を超え、5年目以降は毎年150件以上を行うまでになった。

最初は『僕の話なんて需要がない』と勝手に決めつけていたが、実際に講演をしたことで考えは大きく変わった。

むしろ、パレスチナでの出来事で芽生えた、アウトプットする「役割」というものを、講演会という場で果たし続けることができると確信した。

10年以上講演を続けて、本当に色々なことがあった。

いじめをしている子が全校生徒の前でいじめを告白し、いじめている子にその場で謝罪したこと。

部活の幽霊部員だった子が、講演をきっかけに次の日から部活に復帰し、その後レギュラーを獲得して、最終的には全国大会出場を果たしたこと。

担任の先生が3カ月以上不登校になっている生徒に、「これからも学校に来るタイミングは君に任せる。でも、明日の講演会にだけは絶対に来てほしい」と説得し、講演を聞いた不登校の生徒が数日後から学校に通い始めたこと。

自分には才能がないと夢を諦めていた生徒が、一生懸命に頑張って歌手になったり、教師になったりしたこと。

父親がネット右翼になってしまったことによって、家族の間に亀裂が生じてしまった生徒が「一度ちゃんへん.さんの講演を一緒に聞いてほしい」と父親を講演会に連れてきて、父親はネットでの書き込み等を止め、家族とのコミュニケーションを大切にするようになったこと。

もっとたくさんあるが、1つ言っておきたいことは、これらはあくまで講演を聞いて頂いた方が、自ら選択し、そして勇気を持って行動したことによる結果であって、僕の力でも何でもない。

ただ、講演がその人にとって変化のきっかけとなったのであれば、役割を果たせて僕は嬉しいし、やり甲斐《がい》ができて僕自身のこれからの活力にもなる。

これからも、誰かにとって選択肢が増えるきっかけになれることを心がけ、引き続き役割を通して貢献したいと思う。

エピローグ――家

ウトロが再開発されるということで、解体工事が始まる前に、最後に自分が住んでいた家をひと目見ようと、友人と3人でウトロに行った。ウトロに来たのは何年ぶりだろうか。僕が思うウトロのイメージは、近所付き合いが盛んで、時には住人が広場に集まって焼肉をしたり、歌ったり踊ったりと、人情と活気に溢《あふ》れた情緒ある町だ。

しかし、数年ぶりに訪れてみると、その面影は皆無。あんなにパワーに満ち溢れていたウトロの町は、高齢化が進み、明らかにパワーが底を突きかけている。

ウトロの自宅に向かう。道を歩いていると実に懐かしい。初めて韓国や北朝鮮に行った感覚が蘇《よみがえ》る。

そんな懐かしさに酔いしれながら、自分が住んでいた家に着いた。何だろう。確かに自分が住んでいた家なのに、どこか違うような気がする。不思議な感じだ。

家の表情が、僕が記憶している表情と全く違うのだ。幼い頃、笑顔で歓迎してくれた家が、今はすっかりくたびれた表情をしている。歓迎したくても、歓迎する力がもう残っていない様子だ。

昔、曽《ひい》ばあちゃんが「イエはヒトがスまなくなるとダメになってシんでしまうんや」と言っていた。まさにその言葉通りで、解体前という事実を抜きにしても、家の命がそう長くはないことが感じられる。

色々な想いが身体中を駆け巡り、自分では抑えることができないほどに涙が溢れ出ていた。

涙の理由なら分かっている。思い出に泣かされたわけでは決してない。この町に、昔ほどのパワーを感じなくなった理由が理解できたからだ。高齢化が進んだ人的な要素とは別に、このウトロという町が、一世の時代と共にその役割を終えようとしているのだ。

日本最後の戦後の風景と言っていいこの町の生活様式は、再開発という形で姿を消し、生まれ変わるというよりは、上書きされる。

そう思うと、自然と涙が出たのだ。

それから数カ月後、ついに家が取り壊される日がやってきた。

家の屋根や壁が次々と剝がされていく。おじいちゃんが家族のために一生懸命に建てた家が、こんなにも簡単に壊れてしまうのか。

剝き出しになった居間は、かつておじいちゃんが「こいつの夢は国籍取るだけでチャレ

ウトロで解体工事が始まる前に撮影

ンジできるんや」と言った場所だ。チャレンジ、すなわち「挑戦」することを尊重してくれた。

きっとおじいちゃんは、書類上の朝鮮人という身分に囚われず、中身は常にチャレンジャーでいなさいと言いたかったのだ。「挑戦人」であり続けなさいということを教えてくれていたんだ。

昔、お正月におじいちゃんと凧《たこ》揚げをする機会があった。

何度やっても上手く凧が上がらなくて諦めようとしていた僕を見て、おじいちゃんは「いいかチャンヘン。凧はな、向かい風を利用して高く飛ぶんや。だからお前も向かい風に向かって走れ」と言った。僕は向かい風に向かって全力で走った。

すると、凧は高く高く上がった。高く上がるほど重く感じたけど、あの重量感は気持ちがよかったのを覚えている。全ての困難は、高く飛ぶための向かい風であり、より高く飛ぶための負荷なのだ。

そんなことを回想しながら、ただただ壊されていく様子を淡々と眺めていたその時だった。

幼い頃、身長が伸びる度に、おじいちゃんとおばあちゃんが嬉しそうに線を刻んだ僕の成長の記録の柱がバキッとへし折れる光景を見て、僕の中の大切な何かが壊れた。

まるで、自分の身体の一部がへし折れたような感覚だ。何だろう。身体のどこかが凄く痛い。しばらくしてその痛みの場所が「心」であることに気づいた時、僕は恥ずかしさを感じないくらい大きな声で泣いた。

自分が大切にしていた物が壊されるということは、こんなにも心が痛いんだ。

こうして、ウトロの家は役割を終えた。

しかし、僕の役割はまだまだ残っている。僕は自分の役割を果たすために、これからも人生を歩み続ける。

あとがき

つい先日、友人から「今まで貰《もら》ったプレゼントで、何が1番嬉しかった？」と質問されました。

非常に難しい質問でしたが、僕が導き出した答えは、両親から貰った「自分の人生」でした。

本書を執筆することは、これまでのその人生を振り返る絶好の機会となりました。この機会がなければ、思い出さなかったかもしれない人々や出来事があるかもしれません。時には懐かしさで笑みを浮かべながら書き、時には辛さで涙を流しながら書きました。本当に感情が揺さぶられました。まだまだ書きたかったことがたくさんあるのですが、今回書けなかったことも含め、その全ての経験や思い出たちが、今となっては僕にとってかけがえのない財産になっています。

この本を読んで頂いた方に、どこか1つでも自身に刺さる部分があったり、共感できる部分があれば、嬉しく思います。もしかしたらこの本を読んで頂いたことによって、少しでも前向きになれたり、前進することができたりなんかすると、自分の役割をまた1つ果

あとがき

たせてこの上なく幸せです。

今「幸せです」と言いましたが、僕は昔、お金さえあれば不幸にだけはならないとそう信じていました。

もちろん、お金はないよりはあったほうがいいに決まっています。あればできることの選択肢は多くなるし、経済的・物理的に困ることは減ります。

でも「衣・食・住」で言えば、質の良い服を着たり、美味しい物を食べたり、豪邸に住んだり、そういうことが幸せの本質ではないことに僕は、本書の登場人物たちに気づかされました。

と言うのも、家族はもちろん、特にジャグリングに出会って以降の登場人物のほとんどの方々が、僕に見返りを求めず、むしろ無条件にひたすら色々なものを与えてくれたからです。所有することができないものを僕に与えてくれたのです。

かつて曾《ひい》ばあちゃんが「いつか自分が頑張れるものに出会ったら、それを一生懸命に頑張って1番になりなさい。そうすると、守ってくれる人がたくさん集まってくる」と言いましたが、この言葉の本質は、大会などで1番になるのではなく、『誰にも負けないものを1つ見つけ、人に頼られ、そして何か人のために役に立てる人間になりなさい』というところにあったのかもしれません。

そう解釈すると、自分だけが幸せになっても意味はなく、みんなと一緒に幸せにならなければ価値がないんだと思います。

２０２０年代に、僕はそんな生き方を問おうと思っています。


本書を執筆している今日、本来であれば東京オリンピック・パラリンピックの話題で盛り上がっているはずでした。しかし、現実は大きく違っており、新型コロナウイルス（ＣＯＶＩＤ‐19）が世界中で猛威をふるっています。感染者数や死亡者数は増え続け、見通しは現時点では立っていません。収束に向かう国や地域はあるものの、世界規模で見れば長期化することは決定的だと思われます。

この歴史に大きく刻まれるパンデミックによって、僕もイベントの中止や学校休校に伴っての講演会の延期などで大きく影響を受けています。

パフォーマーはもちろん、タレントや歌手など、エンターテインメント業界は危機に瀕《ひん》している一方で、スマートフォンの普及によってオンラインでのデジタルコンテンツとしての表現の可能性は大きく見出せたのかもしれません。しかし、ライブ等の延期や中止を残念に思う人々はやはり多く、改めて物理的な「身近さ」の良さも再認識できたと感じています。

あとがき

このパンデミックによって、復旧ではなく復興という意味で、現代人の生活スタイルは今後大きくかつ急速に変わるかもしれませんが、それでも何もかもがオンラインに進むのではなく、リアルな人と人との繋《つな》がりは大切にしたいと思っています。

人が向き合うこと。人と同じ景色を見ること。人は共通点・共有点があると、それだけで互いにとって大きな支えとなる存在になれると思うのです。

そしてもう一つ。本書を執筆中に、あるニュースが飛び込んできました。

2020年5月25日、アメリカのミネアポリスで、アフリカ系黒人男性が、警察官に膝で首を押さえつけられ、死亡した事件です。

この事件が発端となって、抗議デモ「Black Lives Matter」が全米に広がりました。このアクションは国境を越え、日本でも抗議活動が行われるまでに発展しました。

そんな中、活動されている方からも、「でも日本はアメリカと違って差別の無い国だからいいよね」という声が聞かれます。

大切なのは、自分の問題として考える想像力ではないでしょうか。それが、平和な時代を創造するためには必要不可欠なことだと思います（もちろん僕だって、いつの間にか、他者に嫌なことをしていた気づきがあったのは、本書に記した通りです）。

「遠い国の話」「自分とは立場や状況、考え方が違う人たちの問題」と切り離そうとしても、決して無関係ではないのです。

僕はここ10年、一部の方に日本と朝鮮半島の「架け橋」と言って頂くことがあります。その言葉に恐縮しながらも、自分の役割という点では嬉しく思うのですが、同時に苦難や重圧も伴うということは理解して頂きたいのです。

犠牲になったことで象徴になった人物。先駆者になったことで架け橋になった人物。

しかし、犠牲者が出ることや先駆者が現れることを待つのではなく、関心を持って行動すれば誰でも架け橋になれますし、みんなと一緒に架け橋になれれば最高だと僕は思うのです。


最後に、本の執筆のお声をかけて頂き、構成をして頂いたノンフィクションライターの木村元彦《きむらゆきひこ》様、発行元のホーム社編集者の藁谷浩一様、そしてホーム社の皆様、発売元の集英社の皆様。多大なるご協力を本当にありがとうございました。そして、この本を手に取り、最後まで読んで頂いた読者の皆様。本当にありがとうございました。

僕の職業はパフォーマーです。もしどこかで機会がありましたら、その時はぜひとも生のパフォーマンスをご覧下さい。

ちゃんへん.

本名は金昌幸(キム・チャンヘン)。
1985年、京都府宇治市生まれ。
中学2年の時にジャグリングと出会い、
翌年には米国のパフォーマンスコンテストで優勝。
『大道芸ワールドカップ2002』では
出場者中最年少17歳ながら人気投票1位を獲得。
高校卒業後は海外で本格的にプロパフォーマーとして活動し、
これまで世界82の国と地域で公演。
マイケル・ジャクソン、金正恩の前でもパフォーマンスを披露した。
オーストラリア『第50回ムーンバフェスティバル』にて
最優秀パフォーマー賞を受賞。
2009年からは活動の拠点を日本に置き、
現在は国内外で年間200を数える公演を行っている。

●

ちゃんへん.YouTubeチャンネル

ぼくは挑戦人《ちょうせんじん》

2020年8月31日　第1刷発行

著　　者　ちゃんへん.
構　　成　木村元彦《きむらゆきひこ》

発 行 人　遅塚久美子
発 行 所　株式会社ホーム社
〒101-0051
東京都千代田区神田神保町3-29 共同ビル
電話　編集部 03-5211-2966
発 行 元　株式会社集英社
〒 101-8050
東京都千代田区一ツ橋2-5-10
電話　販売部 03-3230-6393(書店専用)
読者係 03-3230-6080

印 刷 所　凸版印刷株式会社
製 本 所　加藤製本株式会社

定価はカバーに表示してあります。

ISBN978-4-8342-5338-2 C0095